I0158347

"Publiez l'œuvre telle quelle. Il n'y a pas lieu de donner une opinion quant à son origine, qu'elle soit extraordinaire ou non. Ceux qui liront comprendront".

Le Pape Pie XII

Le 26 février 1948

Code De Droit Canonique

Canon 66 « L'économie Chrétienne, par conséquent, puisque c'est l'Alliance nouvelle et définitive, ne passera jamais; et aucune nouvelle révélation publique doit être prévu avant la manifestation glorieuse de notre Seigneur Jésus Christ.» Pourtant même si la révélation est achevée, elle n'est pas faite complètement explicite; Il restera à la foi Chrétienne d'en saisir graduellement toute la portée au cours des siècles.

Canon 67 Au cours des âges, il y a eu des soi-disant révélations 'privées', dont certaines ont été reconnues par l'autorité de l'église. Ils n'appartiennent pas, cependant, pour le dépôt de la foi. Leur rôle n'est pas d'améliorer ou compléter la révélation définitive du Christ, mais pour aider à vivre plus pleinement qu'elle à une certaine période de l'histoire. Guidé par le Magistère de l'église, le sensusfidelium sait discerner et accueillir dans ces révélations, tout ce qui constitue un appel authentique du Christ ou de ses saints à l'église.

La foi chrétienne ne peut pas accepter des « révélations » que la revendication de surpasser ou corriger la révélation dont Christ est la réalisation, comme c'est le cas dans certaines religions non-chrétiennes et aussi dans certaines sectes récentes qui se basent sur ces « révélations ».

Marie De Magdala:

Ah! Mon Aimée! Je T'ai Trouvée Enfin!

Lamb Books

Adaptations illustrées pour toute la famille

LAMB BOOKS

Publié par le Lamb Books, 2 Dalkeith Court, 45 Vincent Street, London SW1P 4HH;

Royaume-Uni, USA, FR, IT, SP, PT, DE

www.lambbooks.org

D'abord publié par Lamb Books 2013

Cette édition

001

Texte copyright @ Lamb Books Nominee 2013

Illustrations copyright @ Lamb Books, 2013

Le droit moral de l'auteur et l'illustrateur a été affirmé

Suivez-Moi

Pour L'Amour Qui Persevere

LAMBBOOKS

Remerciements

Le contenu de ce livre est une adaptation du Poème de l'Homme+Dieu (L'evangile Qui M'a Été Révélé), par Maria Valtort, d'abord approuvée par le Pape Pie XII en 1948, lorsque lors d'une réunion le 26 Février 1948, vérifié par trois autres prêtres, il a ordonné aux trois prêtres présents de 'publier ce travail tel quel '.

En 1994, le Vatican a tenu compte des appels des chrétiens du monde entier et a commencé à examiner le cas pour la canonisation de Maria Valtorta (Little John).

Le Poème de l'Homme-Dieu a été décrit par le confesseur du pape Pie XII comme 'édifiant '. Les révélations mystiques ont longtemps été la province des prêtres et des religieux. Maintenant, elles sont accessibles à tous. Que tous ceux qui lisent cette adaptation la trouve aussi édifiante. Puisse, grâce à cette lumière, la foi être renouvelée.

Merci tout particulier au Centro Editoriale Valtortiano en Italie pour nous avoir donné la permission de citer le Poème de l'Homme-Dieu de Maria Valtorta, surnommée Little John.

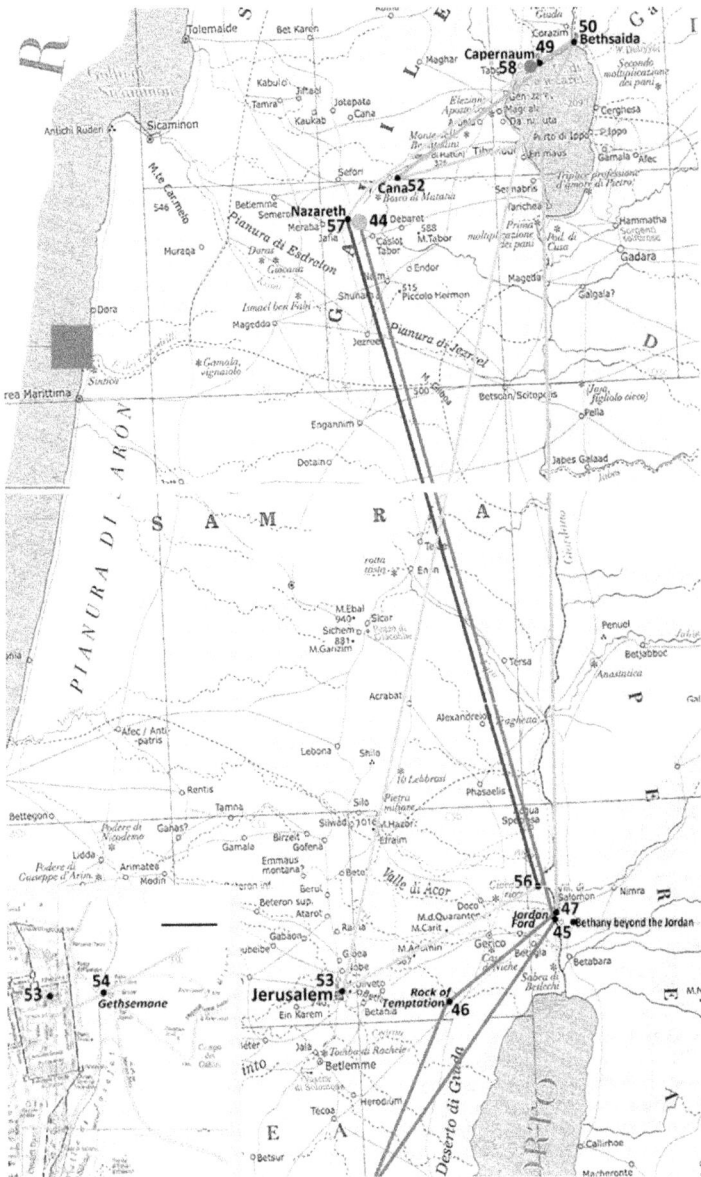

Suivez-Moi

Contenu

Jésus, Jean, Simon Et Judas Vont À Bethléem

Jésus, qui est déjà avec Jean, rencontre Simon et Judas, tôt le matin, à la même porte à Jérusalem.

« Mes amis ... », dit Jésus ... Je vous demande de venir avec moi à travers la Judée. Si ce n'est pas trop pour vous, en particulier pour vous, Simon. »

« Pourquoi, Maître? »

« Il est difficile de marcher sur les montagnes de Judée ... et ce sera peut-être encore plus douloureux pour vous de rencontrer quelqu'un qui vous a fait du mal. »

« En ce qui concerne la route, je tiens à Vous assurer, une fois de plus, que, depuis que Vous m'avez guéri, je me sens plus fort qu'un jeune homme et aucun travail n'est lourd pour moi, aussi parce qu'il est fait pour Vous, et maintenant, avec Vous. Pour ce qui est de rencontrer des gens qui m'ont fait du mal, il n'y a aucune trace de rancune ou de ressentiment dans le cœur de Simon, depuis qu'il est devenu le vôtre. La haine a disparue au fur et à mesure, avec la maladie. Enfin, croyez-moi, je ne peux pas Vous dire si Vous avez fait un plus grand miracle pour guérir ma chair corrodée ou mon âme consommée par la haine. Je ne pense pas me tromper en disant que la guérison de mon âme était le plus grand miracle; une blessure de l'âme est difficile à guérir ...

et Vous m'avez guéri en un instant. C'est un miracle. Parce que l'on ne récupère pas tout d'un coup, même le en voulant de toutes ses forces et un homme ne se débarrasse pas d'une mauvaise habitude morale, si Vous ne détruisez pas cette habitude avec votre sanctification volonté. »

« Vous avez vu juste. »

« Pourquoi ne pas le faire avec tout le monde? » demande Judas, avec un peu de rancune.

« Mais Il le fait, Judas ... » ajouta Jean, posant gentiment et affectueusement son bras sur Judas comme pour le calmer, en parlant anxieusement et de manière convaincante »... Pourquoi parlez-vous comme cela au Maître? Ne sentez vous pas que vous avez changé depuis que vous avez été en contact avec Lui? Auparavant, j'étais un disciple de Jean-Baptiste. Puis, je me suis trouvé complètement changé depuis qu'il m'a dit : «Viens» ».

Jean, qui intervient rarement et ne le fait jamais en la présence du Maître, se retrouve obligé de parler mais se rend compte qu'il a parlé avant Jésus, rougit et dit : « Pardonnez-moi, Maître, j'ai parlé à Votre place, mais je voulais ... Je ne voulais pas que Judas Vous blesse. »

« Oui, Jean. Par contre, il ne m'a pas affligé en tant que Mon disciple. Lorsqu'il sera Mon disciple, s'il persiste alors dans sa façon de penser, il me blessera. Il me désole que de constater combien l'homme a été corrompu par Satan qui pervertit ses pensées. Tous les hommes, vous savez! Les pensées de chacun d'entre vous ont été trompées par lui! Mais le jour viendra où vous aurez la Force et la Grâce de Dieu, vous aurez la Sagesse de Son Esprit ... vous aurez alors tout pour vous permettre de bien juger. »

« Et nous allons tout juger à juste titre. »

« Non, Judas. »

« Mais parlez-vous à nous, disciples, ou à tous les hommes? »

« Je me réfère tout d'abord à vous, et à tous les autres. Le temps venu, le maître désignera Ses travailleurs et les enverra partout dans le monde ...»

« N'êtes-vous pas déjà en train de le faire? »

« Pour le moment, vous Me servez seulement pour dire : « Le Messie est ici. Venez à Lui. » »

« Plus tard, je vais vous rendre capables de prêcher en Mon nom, de faire des miracles en Mon nom ...»

« Oh! Aussi des miracles? »

« Oui, sur les corps et sur les âmes. »

« Oh! Comme ils nous admireront, alors! » Exhale Judas, ravi à cette idée.

« Mais, alors, nous ne serons pas avec le Maître ... et je vais toujours avoir peur de faire avec ma capacité humaine ce qui vient de Dieu seul », dit Jean, regardant Jésus d'un air pensif et quelque peu triste.

« Jean, si le Maître me le permet, je tiens à vous dire ce que je pense », dit Simon.

« Oui, dit Jean. Je veux que vous vous conseilliez l'un l'autre. »

« Vous savez déjà que ce sont des conseils? » Jésus sourit calmement.

« Eh bien, je vous dis, Jean, que vous ne devez pas, nous ne devons pas avoir peur. Fondons par sa sagesse de Maître Saint et par Sa Promesse. S'Il dit : « Je vais vous envoyer », cela signifie qu'il sait qu'il peut nous envoyer sans crainte que nous lui fassions du mal à Lui ou à nous-mêmes, c'est à la cause de Dieu, qui est si cher à chacun de nous, comme une jeune épouse nouvellement mariée. S'il promet de revêtir notre misère intellectuelle et spirituelle avec la lumière de la puissance que Son Père lui donne pour nous, nous devons être certains qu'il va le faire et que nous allons réussir, non pas par nous-mêmes, mais par sa miséricorde. Tout cela va très certainement se produire, à condition que nos actions soit libres de fierté et d'ambitions humaines. Je pense que si nous souillons notre mission, qui est entièrement spirituelle, avec des ingrédients de la terre, alors, la promesse du Christ ne se tiendra plus. Non pas à cause d'une incapacité de sa part, mais parce que nous allons étouffer cette capacité avec la corde de l'orgueil. Je ne sais pas si je me suis fait comprendre. »

« Vous avez parlé très clairement. Je me trompe. Mais vous savez ... Je pense qu'après tout, de vouloir être admiré en tant que disciples du Messie, assez près de lui pour mériter de faire ce qu'Il fait, est la même chose que de désirer augmenter encore plus la puissante figure du Christ parmi les hommes. Louange au Maître, qui a des disciples, c'est ce que je veux dire » répond Judas.

« Ce que vous dites n'est pas tout à fait faux. Par contre ... vous voyez, Judas. Je viens d'une caste qui est persécutée parce que ... parce qu'elle a mal compris ce que le Messie doit être et comment Il doit être. Oui. Si nous l'avions attendu avec une vision correcte de Son être, nous ne serions pas tombés dans des erreurs qui blasphèment contre la Vérité et se rebellent contre la loi de Rome, de sorte que nous avons été puni à la fois par Dieu et par Rome. Nous avons envisagé le Christ comme un conquérant qui libérerait Israël, en tant que nouveau Macchabée, plus grand encore que le grand Judas ... Seulement de cette manière. Et pourquoi? Parce que

15

plutôt que de tenir compte de l'intérêt de Dieu, nous avons pris soin de nos propres intérêts : de la patrie et du peuple. Oh! Les intérêts de la patrie sont très certainement sacrés. Mais que sont-ils par rapport aux Cieux éternels ? Dans les longues heures de persécution, d'abord, puis d'isolement, lors desquelles comme fugitif, J'ai été forcé de me cacher dans les cavernes de bêtes sauvages, de partager abri et nourriture avec eux, pour échapper à la puissance romaine et surtout aux mises en accusation de faux amis ; ou lorsque, dans l'attente de la mort à l'intérieur de la grotte d'un lépreux, j'ai eu, déjà, un avant-goût de la saveur du sépulcre, combien ai-je médité, et combien ai-je vu: j'ai vu la figure du Messie ... la Vôtre, mon humble et bon Maître, la Vôtre, Maître et Roi de l'Esprit, la Vôtre, Ô Christ, Fils du Père, conduisant au Père, et non dans les palais royaux de la poussière ou vers les divinités de boue. Vous ... Oh! Il est facile pour moi de vous suivre ... Parce que, pardonnez mon audace qui s'avoue être correct, parce que je vous vois comme j'ai pensé à vous, je vous reconnais, je vous ai reconnu tout de suite. Non, ce n'était pas une question de vous rencontrer, mais de reconnaître celui que mon âme avait déjà rencontré ...»

« C'est pourquoi je vous ai appelé ... et c'est pourquoi je vous emmène avec Moi, maintenant, pour Mon premier voyage en Judée. Je veux que vous remplissiez votre reconnaissance ... et je veux aussi ceux dont l'âge rend moins apte à atteindre la Vérité par le biais de la méditation profonde, je veux qu'ils sachent comment leur Maître est venu à cette heure ... Vous comprendrez plus tard. Voilà la tour de David. La Porte de l'Est est proche.»
«Allons-nous passer par là? »
« Oui, Judas. Nous irons à Bethléem en premier. Là où je

suis né ... Vous devez savoir ... pour en parler aux autres. Cela fait aussi partie des connaissances du Messie et des Écritures. Vous trouverez des prophéties écrites à certains endroits, non pas sous forme de prophéties, mais sous forme d'histoires. Allons vers la maison d'Hérode ...»

« Le vieux renard méchant et lubrique. »

« Ne jugez pas. Dieu est celui qui juge. Allons à travers ces jardins potagers, sur le chemin. Nous nous arrêterons à l'ombre d'un arbre, près d'une maison hospitalière, jusqu'à ce que le temps se rafraîchisse. Ensuite, nous continuerons notre chemin. »

Jésus À Bethléem Dans La Maison Du Paysan Et À La Grotte

C'est une journée d'été sèche et chaude, sur une route droite couverte de poussière et de pierres s'étendant le long de l'Oliveraie et de ses énormes arbres, chargés de petites olives venant de se former. Là où le sol n'a pas été piétiné, il est parsemé de fleurs d'olive minute qui sont tombées au sol pendant la pollinisation.
Demeurant à l'ombre des oliviers et loin de la poussière, Jésus et ses trois disciples se suivent sur le bord de la route, où l'herbe est encore verte, la suivant comme elle tourne vers la droite où se trouve un bâtiment carré fermé et abandonné, surmonté d'un petit dôme bas.
De là, il est facile de grimper dans une grande vallée en forme de fer à cheval parsemée de maisons formant une petite ville.

« Ce sont les sépultures de Rachel. » dit Simon.
« Dans ce cas, nous sommes presque arrivé. Allons-nous en ville tout de suite?
« Non, Judas, je veux d'abord vous montrer un endroit ... Ensuite, nous allons aller en ville, et comme il fait encore clair et que ce sera une soirée de clair de lune, nous allons être en mesure de parler aux gens. S'ils nous écoutent. »

« Pensez-vous qu'ils ne Vous écouteront pas? »
Ils atteignent le sépulcre, un ancien monument blanchi à
la chaux et bien préservé.
Jésus s'arrête pour boire dans un puits rustique près de
là. Une femme qui est venue puiser de l'eau Lui en offre.
« Êtes-vous de Bethléem? » lui demande Jésus.
« Je le suis. Par contre, pour le temps de la récolte, je
vis à la campagne avec mon mari, pour m'occuper des
jardins potagers et des vergers. Vous êtes Galiléen? »
« Je suis né à Bethléem, mais je vis à Nazareth en
Galilée. »
« Êtes-vous persécuté aussi? »
« Ma famille l'est. Mais pourquoi dites-vous : « Vous
aussi »? Y at-il beaucoup de gens persécutés parmi les
Bethléhemites? »
« Ne savez-vous pas? Quel âge avez-vous? »
« Trente ans. »
« Alors vous êtes né exactement au moment où ... oh!
Quel malheur! Mais pourquoi est-Il né ici? »
« Qui? »
« Celui dont on dit qu'Il est le Sauveur. Maudit soit les
imbéciles qui, ivres comme ils l'étaient, pensaient que
les nuages étaient des anges et que les bêlements et
les braiments étaient des voix du ciel, et qui, dans leur
ivresse ont confondu trois gens misérables pour les
personnes les plus saintes sur la terre. Maudit soient-ils!
Et maudit soit ceux qui les croient. »
« Mais, avec toutes vos malédictions, vous ne Me dites
pas ce qui s'est passé. Pourquoi maudissez-vous? »
« Parce que ... Écoutez: Où allez-vous? »
« Vers Bethléem avec mes amis. J'ai des affaires là-bas.
Je dois visiter de vieux amis et prendre les salutations
de Ma Mère. Mais je voudrais savoir beaucoup de choses

avant, parce que nous avons été partis, nous de la famille, depuis de nombreuses années. Nous avons quitté la ville quand j'avais seulement quelques mois. »
« Avant la catastrophe, alors. Écoutez, si vous n'avez pas horreur de la maison d'un paysan, venez partager notre pain et notre sel avec nous. Vous et Vos compagnons. Nous allons parler pendant le souper et je vais tous vous mettre en place pour la nuit. Ma maison est petite. Mais au-dessus de l'écurie, il y a beaucoup de foin, tout entassé. La nuit est claire et chaude. Si vous voulez, vous pouvez y dormir. »
« Que le Seigneur d'Israël récompense votre hospitalité. Je serai heureux de venir dans votre maison. »
« Un pèlerin apporte des bénédictions avec lui. Allons-y. Mais je vais devoir verser six jarres d'eau sur les légumes qui viennent tout juste de pousser. »
« Et je vais vous aider. »
« Non, Vous êtes un homme, votre comportement en est la preuve. »
« Je suis un travailleur, femme. Celui-ci est un pêcheur. Ces deux Judéens sont aisés et employés. Je ne le suis pas. Puis, il ramasse un pot qui a été posé à plat sur son gros ventre près de la très basse paroi du puits, il l'attache à la corde, et la descend dans le puits. Jean L'aide. De plus, les autres veulent être aussi se rendre utiles et ils demandent à la femme : « Où sont les légumes? Dites-nous et nous allons emmener les pots là-bas. » « Que Dieu vous bénisse! Mon dos est brisé de fatigue. Venez ... »
Et tandis que Jésus soulève Son pot, les trois disciples disparaissent le long d'un petit chemin ... et reviennent avec deux pots vides qu'ils remplissent et puis ils s'en vont. Et ils ne le font pas que trois, mais dix fois. Et

21

Judas dit en riant : « Elle crie se rauque, nous bénir.
Nous avons donné tellement d'eau à sa salade que le
sol sera humide pour au moins deux jours, et la femme
n'aura pas à se briser le dos. Quand il revient pour la
dernière fois, il dit : « Maître, je crains que nous n'ayons
pas eu de chance ».
« Pourquoi, Judas? »
« Parce qu'elle a dans le Messie. Je lui ai dit : « Ne jurez
pas. Ne savez-vous pas que le Messie est la plus grande
grâce pour le peuple de Dieu? Yahvé l'a promis à Jacob,
et après lui tous les prophètes et les justes gens d'Israël.
Et vous le haïssez »Elle a répondu:« Pas lui. Mais celui
que certains bergers ivres et trois devins maudits de l'Est
ont appelé « Messie ». Et puisque cʹest vous ... »
« Ce n'est pas important. Je sais que je suis placé comme
un procès et de la contradiction pour beaucoup. Lui avez-
vous dit Qui je suis? »
« Non, je ne suis pas un imbécile. Je voulais sauver votre
dos et le nôtre. »
« Vous avez bien fait. Pas à cause de nos dos. Mais parce
que je veux me montrer quand je pense que le moment
est venu. Allons. »
Judas lui donne autant que le potager.

La femme jette les trois derniers bocaux puis lui prend
vers un bâtiment rustique dans le milieu du verger.
« Aller à ... », dit-elle «... mon mari est déjà dans la
maison. »
Ils ont l'air en bas cuisine enfumée. « Paix à cette
maison'» accueille Jésus.
« Qui que Vous soyez, que Vous et Vos amis soyez bénis.
Venez », répond l'homme. Et il prend un bassin d'eau leur
emmène pour se rafraîchir et se nettoyer après quoi ils

vont tous s'asseoir autour d'une table.
« Merci d'avoir aidé ma femme. Elle m'a dit. Je n'avais
jamais eu affaire à des Galiléens avant et on m'a dit qu'ils
sont rugueux et querelleur. Mais vous avez été gentil et
bon. Bien que déjà fatigué … vous avez travaillé si dur.
Venez-vous de loin? »
« De Jérusalem. Ces deux-là sont Judéens. L'autre et Moi
sommes de la Galilée. Mais, croyez-moi, homme : vous
trouverez le bien et le mal partout ».
« C'est vrai. La première fois que j'ai rencontré des
Galiléens, Moi, j'ai trouvé qu'ils étaient bons. Femme :
apporte la nourriture. J'ai, mais le pain, les légumes, les
olives et le fromage. Je suis un paysan. »
« Je ne suis pas un homme Moi. Je suis un charpentier. »
« Quoi? Vous? Avec vos manières?
La femme intervient : « Notre invité est de Bethléem,
je vous l'ai dit, et si ses relations sont persécutés, ils
étaient probablement riche et appris, comme Josué d'Ur,
Matthieu d'Isaac, Levi d'Abraham, les pauvres …!
« Vous n'avez pas été remis en question. Pardonnez-lui.
Les femmes sont plus bavardes que les moineaux dans la
soirée. »
« Ont-ils été Bethléem familles?»

« Quoi? Vous ne savez pas qui ils sont, et vous venez de
Bethléem? »
« Nous nous sommes enfuis quand j'avais quelques mois
… », mais la femme bavarde interrompt « Il est parti avant
le massacre. »
« Eh! Je vois cela. Sinon, il ne serait pas dans ce monde.
N'y êtes-vous jamais retourné? »
« Non, jamais. »
« Quel malheur! Vous ne trouverez pas beaucoup
que Sara vous a conseillé de rencontrer et de visiter.

Plusieurs ont été tués, plusieurs se sont enfuis, et plusieurs... qui sait! ... Portés disparus, il n'a jamais été su si ils sont morts dans le désert ou ont été tués en prison comme punition pour leur rébellion. Mais était-ce une rébellion? Et qui serait demeuré inactif, permettant tant d'innocents à être abattus? Non, il est injuste que Levi et Elias puissent être encore en vie alors que tant d'innocents sont morts!»

« Qui sont ces deux, et qu'est-ce qu'ils font?

« Eh bien ... au moins Vous avez entendu parler de la tuerie. Ce massacre par Hérode ... Plus de mille bébés massacrés dans la ville et près d'un millier de plus dans la campagne. Et ils étaient tous, ou presque tous, de sexe masculin, parce que, dans leur fureur, dans l'obscurité, dans la bagarre, les tueurs ont choisi de les arracher de leurs berceaux, des lits de leur mère, des maisons, ils attaquèrent aussi des petites filles, et ils les percèrent comme des gazelles se faisant encore allaiter, abattues par les archers. Eh bien, pourquoi tout cela?

Parce que un groupe de bergers, qui avait évidemment bu une grande quantité de cidre pour résister au froid intense de nuit, dans une frénésie d'excitation, a déclaré qu'ils avaient vu des anges, a entendu des chansons, reçu des instructions ... et ils nous ont dit de Bethléem: « Viens. Adore. Le Messie est né «Imaginez: Le Messie dans une grotte! En toute sincérité, je dois admettre que nous étions tous en état d'ébriété, moi-même, étant un adolescent, ainsi que ma femme, alors âgé de seulement quelques années ... parce que nous les avons tous cru, et en une femme de Galilée pauvre, nous avons vu la Vierge Mère mentionnée par les prophètes. Mais elle était avec son mari, un Galiléen rude! Si Elle était l'épouse, comment pourrait-elle être la «Vierge»? Pour rendre une

longue histoire courte : nous avons cru.
Cadeaux, adoration ... maisons ouvertes pour leur
donner l'hospitalité! ...
Oh! Ils ont très bien joué leurs rôles! Pauvre Anne! Elle
a perdu ses biens et sa vie, et aussi les enfants de sa
fille aînée, le seul parti parce qu'elle était mariée à un
marchand à Jérusalem, perdu tous leurs biens parce que
leur maison a été incendiée et l'ensemble de l'exploitation
a été dévastée sous ordre d'Hérode. Maintenant, il s'agit
d'un champ en friche où les troupeaux se nourrissent. »
« C'était donc entièrement à cause des bergers? »
« Non, c'était la faute également de trois sorciers qui
sont venus du royaume de Satan. Peut-être qu'ils
étaient complices tous les trois ... Et nous nous sommes
sentis bêtement fier de tant d'honneur! Et le pauvre
synagogue voûté! Nous l'avons tué parce qu'il a juré que
les prophéties ont confirmé la véracité des propos des
bergers et des sorciers... »
« C'était donc de la faute des bergers et des sorciers? »
« Non, galiléen. C'était aussi de notre faute. Le défaut
de notre crédulité. Le Messie était attendu depuis
si longtemps! Des siècles d'attente. Et il y avait eu
beaucoup de déceptions ces dernières en raison de faux
messies. L'un d'eux était un Galiléen, comme Vous, un
autre était nommé Theudas. Menteur! Eux ... Messies! Ils
n'étaient que des aventuriers courant après un coup de
chance! Nous devrions avoir appris la leçon. Au lieu de
cela ... »
« Eh bien, alors, pourquoi ne pas vous maudire tous les
bergers et les mages? Si vous considérez que vous avez
étés fous, aussi, alors vous devez être maudit aussi.
Mais le précepte de l'amour interdit la malédiction.
Une malédiction en attire une autre. Êtes-vous sûr que

vous avez raison? Ne se pourrait-il pas que les bergers
et les mages aient réellement dit la vérité, révélée par
Dieu? Pourquoi persistez-vous à croire qu'ils étaient des
menteurs?
« Parce que les années de la prophétie n'étaient pas
complètes. Nous y avons pensé après ... après que nos
yeux ont été ouverts par le sang qui a rougit bassins et
ruisseaux. »
« Et le Très-Haut pourrait-il ne pas avoir annoncé la
venue du Sauveur, par excès d'amour pour son peuple?
Sur quoi les sorciers ont-ils fondés leurs arguments?
Vous m'avez dit qu'ils sont venus de l'Est ...»
« Sur leurs calculs concernant une nouvelle étoile. »
« N'est-il pas écrit : « Une étoile de Jacob prend la
direction, un sceptre se pose d'Israël»? Jacob n'est-il pas
le grand patriarche et n'est-t-il pas arrêté dans le pays de
Bethléem comme lui tiennent à cœur comme ses yeux,
parce que sa bien-aimée Rachel y est morte? »
Et la bouche d'un prophète n'a-t-elle pas dit : « Un
rejeton naît de la souche de Jesse, un rejeton pousse
de ses racines»? Jesse, le père de David, est né ici.
Est le tournage sur le stock, coupé à la racine par des
usurpations tyranniques, n'est-ce pas la «Vierge» Qui va
donner naissance à son fils, conçu non pas par un acte
de l'homme, sinon elle ne serait pas vierge, mais par la
volonté divine, par laquelle il sera le « Emmanuel», car :
Fils de Dieu, Il sera Dieu et apportera Dieu au peuple
de Dieu, comme son nom le proclame? Et il ne peut être
annoncé, comme la prophétie le dit, pour les gens qui
marchent dans les ténèbres, donc, aux païens, « Par
une grande lumière »? Et l'étoile des mages virent, ne
pourrait-elle pas être l'étoile de Jacob, la grande lumière
des deux prophéties de Balaam et d'Isaïe? Et le massacre

ordonné par Hérode, ne dit-il pas dans les prophéties?
«Une voix retentit dans Rama ... C'est Rachel qui pleure
ses enfants.» Il a été écrit que les larmes doivent suinter
des os de Rachel dans son sépulcre à Ephrata quand, par
le Sauveur, la récompense viendrait le peuple des saints.
Les larmes qui devaient se transformer en rire céleste,
tout comme l'arc en ciel est formé par les dernières
gouttes de l'orage, mais il dit : « Ici, le ciel est clair ».»
« Vous êtes un homme instruit. Êtes-vous un rabbin?
« Oui, j'en suis un. »
« Et je l'ai perçu. Il est la Lumière et la Vérité dans tes
paroles. Mais ... Oh! De trop nombreuses blessures
saignent encore dans ce pays de Bethléem en raison du
vrai ou du faux Messie ... je ne Lui conseillerais jamais de
venir ici. La terre le rejetterait, car elle rejette un beau-fils
qui a causé la mort des vrais enfants. En tout cas ... si
c'était Lui ... Il est mort avec les autres enfants abattus. »
« Où Levi et Elias vivent-ils maintenant? »
« Les connaissez-Vous?»L'homme devient suspicieux.
« Je ne sais pas. Leurs visages sont inconnus de moi.
Mais ils sont malheureux, et j'ai toujours pitié des
malheureux. Je veux aller les voir. »
« Eh bien, vous serez le premier après une trentaine
d'années. Ils sont encore bergers et ils travaillent pour un
riche Hérodien de Jérusalem, qui a pris possession d'un
grand nombre de biens appartenant à des personnes
tuées ... Il y a toujours quelqu'un qui fait un profit! Vous
les trouverez avec leurs troupeaux sur les hautes terres
vers Hébron. Mais c'est mon conseil: ne laissez personne
de Bethléem Vous voir leur parler. Vous en souffririez.
Nous les supportons parce que ... à cause de l'Hérodien.
Sinon ... »
« Oh! La haine! Pourquoi la haine? »

« Parce qu'elle est justifiée. Ils nous ont fait du mal. »
« Ils pensaient qu'ils faisaient du bon. »
« Mais ils ont fait du mal. Qu'ils soient lésés. Nous
aurions dû les tuer comme tant de personnes ont été
tuées par leur stupidité. Mais nous étions devenus
stupide nous-mêmes et plus tard ... il y eu l'Hérodien. »
« Ainsi, même s'il n'avait pas été là, après le premier désir
de vengeance, qui était encore excusable, auriez-vous
tué? »
« Nous les tuons même maintenant, si nous n'avions pas
peur de leur maître. »

« Homme, je vous le dis, ne déteste pas. Ne souhaite pas
de mauvaises choses. Ne vous empressez pas pour faire
le mal. Il n'y a pas faute ici. Mais même s'il y avait,
pardonnez. Pardonnez au nom de Dieu. Dites la même
chose aux autres personnes de Bethléem. Quand vos
cœurs seront exempts de haine, le Messie viendra; vous
Le connaîtrez alors, parce qu'Il est vivant. Il existait déjà
lorsque le massacre a eu lieu. Je vous le dis. C'était la
faute de Satan, pas la faute des bergers et des mages si le
massacre a eu lieu. Le Messie est né ici pour vous, Il est
venu apporter la Lumière à la terre de ses pères. Le Fils
d'une Vierge Mère de la lignée de David, dans les ruines
de la maison de David, Il a accordé un flux de Grâces au
monde, et une nouvelle vie pour l'humanité ... »
« Allez-vous en! Sortez d'ici! Vous êtes un adepte de ce
faux Messie, qui ne pourrait être autrement que faux,
mais, parce qu'Il nous a porté malheur à nous, ici à
Bethléem. Vous Le défendez, alors ... »
« Tais-toi, Homme. Je suis de Judée et j'ai des amis
influents. Je pourrais vous faire sentir désolé pour vos
insultes » explose Judas, empoignant les vêtements du
paysan, et le secouant dans un accès de colère violente.

« Non, non, sortez d'ici! Je ne veux pas des problèmes
avec la population de Bethléem ou à Rome ou Hérode.
Allez-vous en, vous qui êtes maudits, si vous ne voulez
pas que je laisse ma marque sur vous ... Dehors! »
« Partons, Judas. Ne réagissez pas. Laissons-le à sa
haine. Dieu ne va pas où se trouve la haine amère.
Allons. »
« Oui, nous partirons. Mais vous allez payer pour cela. »
« Non, Judas, ne dites pas cela. Ils sont aveugles ... Nous
allons en rencontrer autant sur Mon chemin. »
Ils sortent et trouver Simon et Jean, qui sont à l'extérieur
et parlent à la femme, autour du coin de l'écurie.
Pardonnez mon mari, Seigneur. Je ne pensais pas que
j'allais causer tant de peine ... Tenez, prenez cela» Elle
Lui donne des œufs-« Vous allez les manger demain
matin. Ils viennent d'être pondus. Je n'ai rien d'autre ...
Pardonnez-nous. Où allez-Vous dormir? »
« Ne vous inquiétez pas. Je sais où aller. Allez et que la
paix soit avec vous pour votre gentillesse. Au revoir. »
Ils marchent sur une courte distance, sans parler, puis
Judas éclate : « Mais Vous ... Pourquoi ne pas le faire
Vous adorer? Pourquoi n'avez-Vous pas écrasé ce sale
jureur dans la boue? Sur le sol! Écrasé parce qu'il n'avait
pas de respect pour Vous, le Messie ... Oh! C'est ce que
j'aurais fait! Ces samaritains devraient être réduits en
cendres par l'intermédiaire d'un miracle! C'est la seule
chose qui pourrait les secouer. »
« Oh! Combien de fois vais-je entendre ces mots! Mais si
je dois réduire en cendres pour chaque péché contre moi!
... Non, Judas. Je viens pour créer, pas pour détruire. »
« Oui! Et en attendant, ils sont en train de Vous
détruire. » Jésus ne répond pas.
Simon demande : « Où allons-nous maintenant, Maître? »

« Venez avec Moi, je connais un endroit. »
« Mais si Vous n'êtes jamais venu ici après votre départ,
comment pouvez-Vous savoir? » demande Judas,
toujours en colère.
« Je sais. Ce n'est pas un endroit magnifique. Mais je suis
allé là-bas auparavant. Ce n'est pas à Bethléem ... c'est
un peu en dehors ... Allons dans cette direction. »
Jésus est devant, suivi par Simon, puis Judas et Jean est
le dernier ... Dans le silence, rompu seulement par le
bruissement de leurs sandales sur les petits grains de
sable de l'allée, les bruits de sanglots se font entendre.
« Qui pleure? » demande à Jésus se retournant.
« C'est Jean. Il a eu peur. » répond Judas.
« Non, je n'ai pas eu peur. J'avais déjà posé ma main sur
le couteau sous ma ceinture ... Puis je me suis souvenu
des mots Vous continuez à répéter : « Ne pas tuer,
pardonner» »
« Pourquoi pleures-tu, alors? » demande Judas.
« Parce que je souffre de voir que le monde n'aime pas
Jésus. Ils ne le connaissent pas, et ils ne veulent pas le
connaître. Oh! Il est une telle douleur! Comme si
quelqu'un a déchiré mon cœur avec un feu d'épines.
Comme si j'avais vu quelqu'un marcher sur ma mère ou
de cracher sur le visage de mon père ... Pire encore ...
Comme si j'avais vu des chevaux romains manger dans
l'Arche sainte et se reposer dans le Saint des Saints. »
« Ne pleurez pas, mon cher Jean. Dites pour le temps
présent et tout le temps à venir : «Il était la Lumière et Il
est venu pour éclairer l'obscurité - mais les ténèbres ne
l'ont pas connu. Il est venu au monde qui a été fait pour
Lui, mais le monde ne L'a pas connu. Il est venu dans Sa
ville, à Son domaine, mais Son propre peuple ne l'a pas
accepté. Oh! Ne pleure pas comme cela! »

« Cela ne se produit pas en Galilée! », dit Jean en soupirant.

« Eh bien, pas même en Judée», dit Judas. « Jérusalem est la capitale et il y a trois jours, elle a chantée des hosannas pour Vous, le Messie! Vous ne pouvez pas juger de ce lieu de paysans grossiers, de bergers et de maraîchers. Aussi, les Galiléens, vous savez, ne sont pas tous bons. Après tout, d'où ce Judas, le faux Messie, vient-il? Ils ont dit ... »

« C'est assez, Judas. Il est inutile de se mettre en colère. Je suis calme. Soyez calme aussi. Judas, venez ici. Je veux vous parler. Judas s'approche de lui. « Prenez cette bourse. Vous allez faire les courses pour demain. »

Et pour le moment, où allons-nous nous loger?

Jésus sourit, mais ne répond pas.

Il fait sombre et la voûte du ciel est parsemée d'étoiles, des étoiles comme sur un rideau céleste, une voûte de pierres vivantes réparties sur les collines de Bethléem disparait dans le clair de lune qui transforme tout en blanc. Des rossignols chantent dans les oliviers. À proximité, le ruban argenté d'un ruisseau, un soufflet bœufs et des bêlements de moutons. L'air est parfumé à l'odeur du foin grillé des champs fauchés.

« Mais ici! ... Il n'y a rien que des ruines ici! Où nous emmenez-Vous? La ville est là-bas. »

« Je sais. Venez. Suivez le ruisseau, derrière moi. Encore quelques pas et puis ... alors je vais vous offrir la demeure du roi d'Israël. »

Judas hausse les épaules et se calme.

À quelques pas, un tas de maisons en ruines : les vestiges de maisons ... une grotte entre les fentes d'un grand mur.

Jésus demande : « Avez-vous de l'amadou? Allumez-le. » Simon allume une petite lampe qui il a sorti de son sac et la donne à Jésus. « Entrez», dit le Maître en levant la lampe. « Entrez. C'est la salle de la nativité du Roi d'Israël. » « Vous plaisantez, Maître! C'est un repaire immonde. Ah! Je ne vais pas rester ici! Je déteste cela : c'est humide, froid, puant, plein de scorpions et de serpents peut-être aussi ...» « Et pourtant ... Mes amis, ici, dans la nuit du vingt-cinquième de Kislev, Fête des Lumières, Jésus-Christ, est né de la Vierge, l'Emmanuel, la Parole de Dieu en chair, pour l'amour de l'homme : Moi, Qui vous parle. À ce moment, comme aujourd'hui, le monde était sourd à la voix du ciel qui parle au cœur des hommes ... et il a rejeté la Mère ... et ici ... Non, Judas, ne détourne les yeux de dégoût de ces chauves-souris flottantes, de ces lézards verts, de ces toiles d'araignées, ne levez pas avec dégoût votre belle cape brodée, de peur qu'elle traine sur le sol recouvert d'excréments d'animaux. Ces chauves-souris sont les petites-filles de ceux qui ont été les premiers jouets à être jetés devant les yeux de l'Enfant, pour qui les anges ont chanté le «Gloria» entendu par les bergers, enivrés que par une joie extatique, une véritable joie. Le vert émeraude de ces lézards était la première couleur qu'ont perçue Mes yeux, la première, après le blanc du visage et de la robe de Ma Mère. Ces toiles d'araignées étaient le couvert de Mon berceau royal. Ce terrain ... oh! Vous pouvez marcher dessus sans mépris ... Il est jonché d'excréments ... mais elle est sanctifiée par son pied, le pied de la Sainte, la Très Sainte, Pure,

Immaculée Mère de Dieu, qui a donné naissance, car Elle devait de donner naissance, parce que Dieu, non pas l'homme, Lui a demandé et L'a couvert de Son ombre. Elle, Celle qui n'a commis aucune faute, a marché là. Vous pouvez marcher sur là aussi. Et puisse la pureté diffusée par Elle, par la volonté de Dieu, passer de la plante de vos pieds à votre cœur ...»

Simon est à genoux. Jean va directement à la crèche et pleure, la tête appuyée contre celle-ci. Judas est terrifié ... il est submergé par l'émotion, et non plus inquiet pour sa belle cape, il se met à genoux sur le sol, prend le bord de la tunique de Jésus et la baise et se frappe la poitrine en disant : « Oh! Mon bon Maître, ayez pitié de l'aveuglement de Votre serviteur! Ma fierté disparaît ... je vous vois comme vous êtes. Pas le roi, je pensais. Mais le prince éternel, le Père de siècles à venir, le Roi de la paix. Ayez pitié, mon Seigneur et mon Dieu, aie pitié de moi! «

« Oui, vous avez toute ma pitié! Maintenant, nous allons dormir là où le nourrisson et la Vierge dormaient, là où Jean a pris la place de la mère adorant, ici où Simon ressemble à mon père putatif. Ou, si vous préférez, Je vais Vous parler de cette nuit ...»

« Oh! Oui, Maître, parlez-nous de Votre naissance. »

« Que ce soit une perle qui brille dans nos cœurs. Et que nous puissions en parler au monde entier. »

« Et que nous puissions vénérer Votre Vierge Mère, non seulement en tant que votre Mère, mais aussi comme ... comme la Vierge! »

Judas fut le premier à parler, puis Simon et ensuite Jean, dont le visage sourie et pleure, près de la crèche.

« Venez vous asseoir sur le foin. Écoutez ...» et Jésus leur raconte la nuit de sa naissance.» ... Que la Mère était près du temps d'avoir son enfant, un décret a été émis par le délégué impérial Publius Sulpicius Quirinus sur les instructions de César Auguste, lorsque Sentius Saturninus était gouverneur de la Palestine. Le décret a déclaré que le recensement devait être pris de tous les habitants de l'empire. Ceux qui n'étaient pas esclaves étaient d'aller à leurs lieux d'origine et inscrire sur les listes officielles de l'empire. Joseph, l'époux de la mère, était de la lignée de David et La Mère était également de la lignée de David. En conformité avec le décret, ils ont quitté Nazareth et sont venus à Bethléem, le berceau de la famille royale. Le temps était mauvais ... »

Jésus Va À L'hôtel De Bethléem Et Prêche Des Ruines De La Maison D'Anne

Il est tôt, un beau matin d'été et de fines lanières de nuage rose sont comme des coups de pinceau, comme des bandes de gaze effilochée sur un tapis turquoise. Des oiseaux, euphoriques par la lumière vive, remplissent l'air avec des chansons de moineaux, de merles et de rouges-gorges qui sifflent, crient et se bagarrent sur une tige, pour un ver ou une brindille qu'ils veulent prendre leurs nids, manger ou sur lequel ils veulent se percher.

Des hirondelles de couleur rouille hauts dard du ciel vers le petit ruisseau pour mouiller leurs seins blancs de neige, se rafraîchir dans l'eau et attraper un peu de mouche encore endormi sur une petite tige, puis s'élancent vers l'arrière dans le ciel en un éclair comme une lame polie, tout en bavardant joyeusement.

Sur les bords de la rivière, deux bergeronnettes à tête bleue, vêtues d'un gris cendré pâle, marchent avec grâce comme deux petites dames; brandissant leurs longues queues ornées de petites taches de velours noires. Elles s'arrêtent pour regarder avec satisfaction leurs beaux reflets dans l'eau avant de reprendre leur marche pendant qu'un oiseau noir, un vrai voyou du bois, se moque d'eux en sifflant avec son long bec.

Dans l'épais feuillage d'un pommier sauvage qui pousse tout seul près des ruines, un rossignol appelle son compagnon avec insistance, devenant seulement le silence quand elle le voit venir avec une longue chenille se tortillant sous l'emprise de son bec mince. Deux pigeons de la ville, évadés d'un pigeonnier, et qui habitent maintenant en toute liberté dans une crevasse d'une tour en ruine, donnent libre cours à leurs effusions d'amour; le mâle roucoulant de façon séduisante, pour le bénéfice de la modeste femelle.

Avec ses bras croisés, Jésus, regarde toutes les petites créatures et sourit, heureux.
« Êtes-vous déjà prêt, Maître? » demande Simon, derrière lui.
« Oui, je le suis. Les autres dorment-ils encore? »
« Oui. »
« Ils sont jeunes ... Je me suis lavé dans ce courant ... L'eau est si froide qu'elle dégage l'esprit ...»
« Je vais laver maintenant. »

Alors que Simon, vêtu seulement d'une tunique courte, se lave et met ensuite ses vêtements, Judas et Jean sortent. « Je vous salue, Maître, sommes-nous en retard? »
« Non, ce n'est que la pointe du jour. Mais maintenant soyons rapide et partons. »
Les deux se lavent et à mettent leurs tuniques et leurs capes.
Jésus, avant de partir, prend quelques petites fleurs qui ont poussé entre les crevasses de deux pierres, et les met

dans une petite boîte en bois qui contient déjà d'autres éléments; « Je vais les emmener à ma mère ...» explique-t-il.»Elle les aime ... Allons.»

« Où, Maître? »

« Vers Bethléem. »

« Encore une fois? Je ne pense pas que la situation est favorable pour nous ...»

« Ce n'est pas important. Allons. Je veux vous montrer où les Mages sont venus et où j'étais.»

« Dans ce cas, écoutez. Excusez-moi, Maître. Mais laissez-moi parler. Faisons une chose. A Bethléem et à l'hôtel, laissez-moi parler et poser les questions. Vous Galiléens n'êtes pas terriblement aimés en Judée, et beaucoup moins ici que partout ailleurs. Non, laissez-nous faire ceci: vos vêtements montrent que vous et Jean êtes Galiléens. C'est trop facile. Et puis ... vos cheveux! Pourquoi persistez-vous à les porter si longs? Simon et moi allons changer manteaux avec vous. Simon, donnez le vôtre à Jean, je vais donner le mien au le Maître. C'est tout! Voir? Vous avez l'air déjà un peu plus comme Judéens. Maintenant, prenez ce.»Et il enlève le tissu recouvrant la tête : un jaune, brun, rouge, vert longueur rayé de matériau, comme son manteau, maintenu en position par un cordon jaune, il la place sur Jésus de la tête, en l'ajustant sur ses joues pour cacher ses cheveux blonds. Jean revêt la cape vert sombre de Simon. « Oh! C'est mieux maintenant. J'ai un sens pratique.»

« Oui, Judas, vous avez un sens pratique. C'est vrai. Voyez, cependant, qu'il ne dépasse pas l'autre sens. »

« Lequel, Maître? »

« Le sens spirituel. »

« Non! Non! Mais dans certains cas, il vaut mieux être plus un politicien qu'un ambassadeur. Et écoutez ...

soyez bon un peu plus longtemps ... c'est pour Votre
propre bien ... Ne me contredisez pas si je dois dire
quelque chose ... quelque chose ... qui n'est pas vrai. »
« Que voulez-vous dire? Pourquoi mentir? Je suis la
Vérité et je ne veux pas de mensonges en Moi ou autour
de Moi. »
« Oh! Je ne mentirai qu'à demi. Je dirai que nous
revenons tous de lieux éloignés, de l'Égypte par exemple,
et que nous sommes à la recherche de nouvelles de chers
amis. Je dirai que nous sommes Judéens revenu d'exil.
Après tout, il y a du vrai dans tout, et je parlerai, et ... un
mensonge de plus, un mensonge moins ... »
« Mais Judas! Pourquoi tromper? »
« Peu importe, Maître! Le monde vit sur la tromperie. Et
parfois, la tromperie est une nécessité. Eh bien: pour
vous faire plaisir, je dirai seulement que nous venons de
loin et que nous sommes Judéens. Ce qui est vrai pour
trois sur quatre d'entre nous. Et vous, Jean, s'il vous
plaît ne parlez pas du tout. Vous vous trahiriez. »
« Je vais être tranquille. »
« Alors ... si tout fonctionne bien ... nous dirons le reste.
Mais je ne crois pas ... Je suis habile, je saisis vite les
choses. »
« Je vois que, Judas. Mais je préfèrerais que vous soyez
simple. »
« Cela n'aiderait pas beaucoup. Dans votre groupe, je
serai celui en charge des missions difficiles. Permettez-
moi de continuer. « Jésus est réticent. Mais il donne en.
Ils partirent, marchant d'abord autour des ruines puis
le long d'un mur aveugle massive de l'autre côté de qui
vient braire, meugler, hennir, bêler et le cri étrange de
chameaux. Ils suivent un angle dans le mur et émergent
sur la place de Bethléem avec une fontaine en son

centre. La forme de la fontaine est toujours en biais comme il était dans la nuit de la visite des Mages, mais dans la rue où la petite maison que sur la même nuit avait été baignée dans les rayons argentés de la Star, il est maintenant seulement un grand écart jonché de ruines, surmontée par le petit escalier extérieur et son atterrissage.
Jésus les regarde et soupire.

La place est pleine de gens autour de marchands de denrées alimentaires, ustensiles, vêtements et autres articles, tous soit étalé sur des nattes ou dans des paniers sur le terrain, avec les marchands accroupis dans le centre de leurs magasins ... ou debout, criant et gesticulant avec acheteurs avares.

« C'est jour de marché», dit Simon.

La porte principale de l'hôtel où les Mages étaient restés, est grande ouverte et une ligne d'ânes chargés de marchandises sort. Judas entre en premier et regarde autour de lui avec hauteur et saisit un arnaqueur sale en manches courtes, avec sa tunique courte descendant jusqu'à ses genoux.

« Arnaqueur!» Crie-t-il. « Le propriétaire! Vite! Soyez rapide. Je n'ai pas l'habitude d'attendre pour des gens. »
Le garçon s'enfuit, traînant un balai derrière lui.
« Mais Judas! Quelles manières! »
« Soyez tranquille, maître. Laissez-moi tranquille. Il est important qu'ils nous considèrent comme des gens riches qui viennent de la ville. »
Le propriétaire se précipite, et s'incline à plusieurs reprises devant Judas, qui est impressionnant dans le

manteau rouge foncé de Jésus porté au-dessus de sa tunique jaune somptueuse pleine de franges.

« Nous sommes venus de loin, l'homme. Nous sommes Judéens des communautés asiatiques. Ce monsieur, né à Bethléem et persécuté, est maintenant à la recherche de quelques chers amis. Nous sommes avec lui. Nous sommes venus de Jérusalem, où nous avons adoré le Très-Haut dans Sa Maison. Pouvez-vous nous donner quelques informations? »

« Mon seigneur ... votre serviteur ... va tout faire pour vous. Donnez-moi vos ordres. »

« Nous voulons des informations sur un grand nombre ... et en particulier sur Anne, la femme dont la maison était en face de votre hôtel. »

« Oh! Pauvre femme! Vous la trouverez que dans le sein d'Abraham. Et ses enfants avec elle. »

« Est-elle morte? Comment? »

« Ne savez-vous pas...le massacre d'Hérode? Le monde entier en a parlé et même César l'a appelé «un cochon qui se nourrit de sang». Oh! Qu'ai-je dit? Ne me dénoncez pas! Êtes-vous vraiment Judéen? »

« Voici le signe de ma tribu. Alors? Parlez. »

Anne a été tuée par les soldats d'Hérode, avec tous ses enfants, à l'exception d'une fille. »

« Mais pourquoi? Elle était si bonne? »

« La connaissiez-vous? »

« Oui, très bien. » Judas ment effrontément.

« Elle a été tuée parce qu'elle a donné l'hospitalité à ceux qui ont dit qu'ils étaient le père et la mère du Messie ... Viens ici, dans cette pièce ... Les murs ont des oreilles et il est dangereux de parler de certaines choses. »

Ils entrent dans une salle basse sombre et s'assoient sur

un canapé bas.

« Maintenant ... J'ai eu un merveilleux instinct. Je ne
suis pas un gardien d'hôtel pour rien. Je suis né ici, le
fils de fils de gardiens de l'hôtel. Wiles sont dans mon
sang. Et je ne les ai pas pris. J'aurais pu trouver un trou
pour eux. Mais ... des Galiléens inconnus et pauvres
comme ils étaient ... Oh! Non! Ézéchias ne tombera pas
dans le piège! Et je me sentais ... je sentais qu'ils étaient
différents ... cette femme ... Ses yeux ... quelque chose ...
non, non ... Elle a dû avoir un démon à l'intérieur d'elle
et elle lui parlait. Et elle lui a apporté ... pas pour moi
... mais en ville. Anne était plus innocente qu'un petit
agneau, et elle leur a donné l'hospitalité quelques jours
plus tard, alors qu'elle avait déjà l'enfant. Ils ont dit qu'il
était le Messie ... Oh! L'argent que j'ai fait au cours de ces
jours! Le recensement n'a rien de tel! Beaucoup de gens
sont venus ici, qui n'avait rien à voir avec le recensement.
Ils sont même venus de la mer, même de l'Égypte à voir
... et il a duré pendant des mois! Quel profit j'ai fait! Les
derniers à venir étaient trois rois, trois personnes, trois
puissants magiciens ... je ne sais pas! Quel train sans fin!
Ils ont pris toutes les écuries et qu'ils ont payé en or pour
beaucoup de foin qui aurait duré un mois, et ils sont
partis le lendemain, laissant tout ici. Et quels cadeaux ils
ont donné aux prostitués et les femmes!

Et pour moi! Oh! Je ne peux que dire du bien du Messie,
s'il était un vrai ou faux. Il m'a fait gagner des sacs
d'argent. Et je n'ai pas eu de catastrophes. Personne de
ma famille n'est mort, parce que je venais de me marier.
Alors ... mais les autres! »

« Nous aimerions voir les lieux de la tuerie. »

« Les endroits? Mais chaque maison était un lieu
d'abattage. Il y avait des personnes tuées pendant des

miles autour de Bethléem. Viens avec moi. »

Ils montent un escalier dans un grand toit en terrasse d'où ils peuvent voir beaucoup de la campagne et de l'ensemble de Bethléem se propageant sur les collines comme un éventail ouvert.

« Pouvez-vous voir les endroits en ruine? Là-bas aussi les maisons ont été brûlées parce que les pères ont défendu leurs enfants avec leurs armes. Pouvez-vous voir là-bas, cette chose comme un puits recouvert de lierre? Ce sont les restes de la synagogue. Elle a été brûlée avec l'archer qui a déclaré qu'Il était bien le Messie …. Brûlé par les survivants, en raison du massacre sauvage de leurs enfants. Nous avons eu des problèmes pour cela après … Et là-bas, et là, là … vous voyez ces sépultures? Les victimes sont enterrées là … Ils ressemblent à peu propagation de moutons dans le vert, dans la mesure où l'œil peut voir. Tous les innocents et leurs pères et mères … Voir cette cuve? Son eau était rouge après les tueurs ont lavé leurs armes et les mains dedans. Et le ruisseau à l'arrière ici, avez-vous vu? Il était rose du sang qui y avait coulé des égouts. Et là, là-bas, en face de nous. C'est ce qui reste de la maison d'Anne. »
Jésus pleure.

« Vous la connaissiez bien? »
Judas répond: « Elle était comme une sœur pour sa mère. N'est-ce pas, mon ami? »
« Oui », dit Jésus, tout simplement.
« Je comprends » remarque le gardien l'hôtel qui devient pensif. Jésus se penche en avant pour parler à Judas d'une voix faible.
« Mon ami voudrait aller sur les ruines», dit Judas.

« Laissez-le y aller! Elles appartiennent à tout le monde! »

Ils reviennent en bas, dire au revoir et sortir en laissant l'hôte qui avait eu espoir de gagner quelque chose, déçu. Ils traversent la place et montent le petit escalier à gauche, debout sur les ruines de la maison d'Anne et sur le palier qui est d'environ deux mètres de plus que la place. Jésus est debout contre le petit mur d'enceinte de l'atterrissage, avec rien derrière lui. De la place, Sa figure est clairement défini contre le soleil brillant derrière lui, formant un halo autour de ses cheveux d'or et en tournant sa neige lin blanc Tunique- le seul vêtement encore sur Homme- un blanc éclatant. Son manteau a glissé de ses épaules et se trouve maintenant à ses pieds comme un piédestal multicolore.

« De là », dit Jésus, « Ma mère M'a fait envoyer la main vers les Rois Mages et nous sommes partis pour aller en Égypte. »

Les gens regardent les quatre hommes sur les ruines et l'on se demande : « Sont-ils des parents d'Anne? »
« Ce sont des amis. »
« Ne faites pas de mal à la pauvre morte ... » crie une femme« ... ne le faites pas, comme ses autres amis l'ont fait quand elle était vivante, puis ils se sont enfuis. »

Jésus se tient debout sur le palier contre le petit mur d'enceinte avec rien derrière, mais le fond négligé de ce qui était autrefois le jardin et le champ de la cuisine d'Anne maintenant ruinées et jonchées de débris. Le contour de son chiffre est clairement coupé contre le soleil derrière lui: il forme un halo autour de ses cheveux d'or, et rend sa neige tunique de lin blanc look encore plus blanc que c'est le seul vêtement sur lui, depuis sa

cape a glissée de son épaules et est maintenant couchée à ses pieds comme un piédestal multicolore.
Jésus tend les bras, mais quand Judas voit le geste, il dit : « Ne parlez pas! Ce ne serait pas sage! »

Mais la Jésus voix puissante remplit la place :

« Les hommes de Juda! Hommes de Bethléem, écoutez! Les femmes du sacré de la terre à Rachel, écoutez! Écoutez Celui qui descend de David, et ayant souffert de persécutions, est devenu digne de parler, et vous parle à vous donner la lumière et de confort. Écouter. »

Les gens s'arrêtent de crier, se disputer et l'achat et ils se rassemblent.
« C'est un rabbin! »
« Il s'agit certainement de Jérusalem. »
« Qui est-il? »
« Quel bel homme! »
« Et quelle voix! »
« Et Ses manières! »
« Bien sûr, il est de la maison de David! »
« Il est l'un des nôtres, alors! »
« Écoutons-le! »
Toute la foule est maintenant rassemblé près le petit escalier qui ressemble à une chaire.

« Dans la Genèse, il est dit : « Je vais vous faire des ennemis les uns des autres : vous et la femme : Elle va écraser votre tête et vous frapperai à son talon. «On dit aussi:» Je multiplierai vos douleurs dans la procréation ... et le sol doit vous donner les ronces et les chardons.
« c'était la peine contre l'homme, la femme et le serpent. Je suis venu de loin pour vénérer le tombeau de Rachel, et dans la brise du soir, dans la rosée de la nuit, dans la

chanson du matin plaintif du rossignol, J'ai entendu les
sanglots de l'ancienne Rachel répète, et ils ont été répétés
par la bouche de beaucoup de mères de Bethléem,
dans leurs tombes ou dans leurs cœurs. Et j'ai entendu
le rugissement chagrin de Jacob dans la douleur des
maris veuves privées de leurs épouses, qui la douleur
avait tués ... Je pleure avec vous ... Mais écoutez, frères
de mon pays. Bethléem; la terre bénie, la moindre des
villes de Juda, mais le plus grand aux yeux de Dieu et
de l'humanité, réveillèrent la haine de Satan, car il a été
le berceau du Sauveur, comme le dit Michée, destiné à
être le tabernacle où la gloire de Dieu, le feu de Dieu, Son
amour était incarné pour se reposer.

« Je vais vous faire des ennemis les uns des autres : vous
et la femme; Elle écrasera la tête et vous l'atteindrez au
talon Son. «Quel est inimitié il plus grand que celui qui
vise à des enfants d'une mère, le cœur d'une femme? Et
qui est le talon il plus fort que la Mère du Sauveur? La
vengeance de Satan vaincu était donc naturel d'un: il n'a
pas frappé au talon, mais le cœur des mères, en raison
de la Mère.

Oh! Douleurs ont été multipliées lorsque les enfants
ont été perdus après avoir donné naissance à eux! Oh!
grande était la difficulté d'être un père d'enfant après le
semis et laborieuses pour la progéniture! Et pourtant,
Bethléem, réjouissez-vous! Votre sang pur, le sang des
innocents a préparé un chemin pourpre flamboyant pour
le Messie ... »

À la mention du Sauveur et de la Mère, la foule devenait
de plus en plus turbulent et montre des signes clairs
d'agitation.

« Soyez tranquille, Maître et allons », dit Judas.
Mais Jésus continue : «... pour le Messie que la grâce de

Dieu-Père a sauvé des tyrans à lui préserver pour son peuple et de son salut et ...»

La voix aiguë d'une femme hurlant hystériquement traverse »...« Cinq, cinq, j'ai donné naissance à, et pas un seul est maintenant dans ma maison. Pauvre de moi! »

Le tumulte commence.

Une autre femme, roule dans la poussière, déchire sa robe et montre un sein mutilé de son mamelon, en criant : « Ici, ici, sur cette maman, ils ont massacré mon fils premier-né! L'épée a coupé son visage et mon mamelon en même temps. Oh! mon Ellis! »

« Et moi! Et moi? Il est mon palais royal. Trois tombes dans un, regardé par le père : mon mari et enfants ensemble. Là, là! Si il y a un Sauveur, qu'il me rende mes enfants, mon mari, qu'il me sauver du désespoir, de Beelzebub Il doit me sauver. »

Ils ont tous crient : « Nos enfants, nos maris, nos pères! Laissez-le leur donner en retour, s'il existe! »

Jésus vagues Ses armes imposant silence. « Frères de mon pays : je tiens à vous redonner vos enfants, dans leur chair. Mais je vous le dis : être bon, être résigné, pardonner, espoir, joie de l'espérance et exulter dans une certitude : vous allez bientôt avoir vos enfants, des anges dans le ciel, parce que le Messie est sur le point d'ouvrir les portes du ciel, et si vous sont justes, la mort sera une nouvelle vie et un nouvel amour ... «

« Ah! Es-tu le Messie? Au nom de Dieu, dites-nous. »

Jésus abaisse ses bras si douce et aimable un geste comme s'il embrasse tous, et Il dit :

« Oui, Je le suis. »

« Allez-vous en! Allez-vous-en! C'est votre faute, alors!»

« Il y a des sifflets et des huées et une coupes de pierre à travers la rubrique de l'air pour l'atterrissage.

Judas réagir instinctivement, saute en face de Jésus, debout sur le muret de l'atterrissage, avec son manteau grand ouvert et intrépide, il protège Jésus d'entre les pierres. La pierre attire Judas dans le visage, le prélèvement de sang, mais il crie à Jean et Simon: « Prenez Jésus loin. Derrière ces arbres. Je vais suivre. Allez, au nom du ciel!»Et il crie à la foule : « chiens enragés! Je suis du Temple et je vais vous présenter au Temple et à Rome.» Pendant un moment, la foule a peur. Puis la pluie de pierres reprend à la fois, mais heureusement, leur but est éteint. Et Judas, intrépide, attrape une pierre jetée sur lui et le jette en arrière sur la tête d'un vieil homme qui crie comme une pie étant arrachées en vie! Judas répond également avec le langage offensant pour les malédictions de la foule.

Quand la foule tente de monter à son piédestal, il descend du petit mur, rapidement ramasse un ancien bras de la terre, et sans pitié, il oscille ronde sur le dos, la tête et les mains. Certains soldats se précipitent sur les lieux et de leurs lances ils font leur chemin à travers la foule : « Qui êtes-vous? Pourquoi cette bagarre? » « Je suis de Judée et j'ai été attaqué par ces plébéiens. Un rabbin, bien connu des prêtres, était avec moi. Il parlait de ces chiens. Mais ils sont devenus sauvages et nous ont attaqués. »
« Qui êtes-vous? »
Judas de Kériot, j'étais un homme du Temple. Maintenant, je suis un disciple de Rabbi Jésus de Galilée et un ami de Simon le pharisien, de Johanan sadducéens, et de Joseph d'Arimathie, le conseiller du Sanhédrin, et enfin, d'Eléazar ben Anna, grand ami du Proconsul, et vous pouvez vérifier. »

« Je le ferai. Où allez-vous? »

« Je vais Kériot avec mon ami, puis à Jérusalem. »

« Allez. Nous allons protéger votre dos. »

Judas remet quelques pièces de monnaie à un soldat.
Il est illégal ... mais tout à fait commun, parce que le
soldat les prend rapidement et prudemment, salue et
sourit. Judas saute de sa plate-forme et passe par le
champ inculte, sauter de temps en temps jusqu'à ce qu'il
atteigne ses compagnons.

«Êtes-vous sérieux mal? »

« Non, ce n'est rien, Maître! En tout cas, c'est pour vous
... Mais je leur ai donné une raclée ainsi. Je dois être
couvert de sang ... «

« Oui, sur la joue. Il y a un ruisseau ici. »
Jean humidifie un petit morceau de tissu et essuie la
joue de Judas.

« Je suis désolé, Judas ... Mais voir ... pour leur dire que
nous sommes Judéens, selon votre bon sens pratique ...»

« Ils sont bêtes. Je crois que vous êtes maintenant
convaincu, Maître. Et j'espère que vous ne serez pas
insister ...»

« Oh! non! Non pas parce que j'ai peur. Mais parce qu'il
est inutile, tout à l'heure. Quand ils ne veulent pas de
nous, nous ne devons pas les maudire, mais retirer à
prier pour les pauvres, les personnes folles, qui meurent
de faim et ne peuvent pas voir le pain. Allons dans cette
voie hors du chemin, vers les bergers, si nous pouvons
les trouver. Je pense que nous serons en mesure
d'obtenir sur le crapaud à Hébron ...»

« Pour avoir plus de pierres lancées sur nous? »

« Non À leur dire : « Je suis ici.» »

« Qu'est-ce? ... Ils vont certainement nous battre. Ils ont

souffert pendant trente ans à cause de vous. »

« Nous verrons. »

Et ils disparaissent dans un petit bois ombragé, frais et dense.

Jésus Et Les Bergers Elias, Levi Et Joseph

Les collines s'élèvent toujours plus haut et les bois
s'épaississent le plus loin de Bethléem jusqu'à ce qu'ils
forment une véritable chaîne de montagne. Jésus, à
escalader, regarde en silence autour comme un anxieux
de trouver quelque chose. Il écoute, plus la voix de la
forêt que les apôtres »qui sont à quelques mètres derrière
lui et parlez à l'autre. Écoute, il attrape le ding-dong
d'une cloche réalisée dans le vent et les sourires. Puis, se
retournant, dit;
« J'entends les cloches de brebis. »
« Quand, Maître?
« Je pense que près de colline. Mais le bois m'empêche de
voir. »
En raison de la chaleur, les apôtres ont enlevé leurs
manteaux, les laminés et les transportent sur leur dos.
Sans un mot, Jean prend aussi sa tunique extérieure et
maintenant, seulement avec sa courte tunique interne
sur, il jette ses bras autour d'un tronc lisse haut d'un
frêne et grimpe .... jusqu'à ce qu'il puisse voir.
« Oui, Maître. Il y a beaucoup de troupeaux et trois
bergers là-bas, derrière ce bosquet. »
Il redescend et ils procèdent, sûrs de leur chemin.
« Sera-ce eux? »

« Nous allons demander, Simon, et si elles ne sont pas, ils nous dire quelque chose ... Ils savent l'un l'autre. »
Après une centaine de mètres, ils sortent sur un grand pâturage vert entièrement entouré de gigantesques arbres très anciens et beaucoup de moutons qui paissent sur l'herbe épaisse de la prairie ondulante. Il y a aussi trois hommes, qui veillent sur les brebis : Un vieux avec des cheveux tout est devenu blanc, un deuxième homme d'environ trente ans et la troisième d'une quarantaine d'années d'âge.

« Faites attention, Maître. Ils sont les bergers ... » prévient Judas, quand il voit Jésus hâter son étape.

Mais, sans répondre à Judas, Jésus se précipite sur, grand et beau dans sa tunique blanche et avec le soleil couchant en face de lui, il semble un ange. Mais Jésus ne répondit même pas. Il poursuit, grand et beau dans sa tunique blanche, avec le soleil couchant en face de lui. Il semble clair comme un ange ...

« La paix soit avec vous, mes amis» Il salue quand il atteint le bord de la prairie. Les trois hommes se retournent, surpris. Il est un silence .... et puis l'homme le plus âgé demande :

« Qui êtes-vous? »

« Celui qui vous aime. »

« Vous seriez le premier à tant d'années. D'où êtes-vous? »

« De Galilée. »

« De Galilée? Oh! « L'homme le regarde attentivement .... et les deux autres se rapprochent.

« De Galilée » répète le berger. Et d'une voix très faible, comme on parle à lui-même, il ajoute : « Il vint de la Galilée, trop « à haute voix à nouveau, le berger demande à nouveau « De quelle ville, mon Seigneur? »

« De Nazareth. »

« Oh! Eh bien, dites-moi. A un enfant jamais revenir à
Nazareth, un enfant avec une femme dont le nom était
Marie et un homme appelé Joseph, un enfant, qui était
encore plus belle que sa mère, si belle que je n'ai jamais
vu une fleur juste sur les pentes du Juda? Un enfant né
à Bethléem de Juda, au moment de l'édit? Un enfant qui
a fui plus tard, fort heureusement pour le monde. Un
enfant, oh! Je donnerais ma vie juste pour entendre s'il
est vivant … Il doit être un homme maintenant. »

« Pourquoi dites-vous que son vol était une grande
fortune pour le monde? »

« Parce qu'il était le Sauveur, le Messie et Hérode voulait
mort. Je n'étais pas là quand il a fui avec son père et
sa mère. Quand j'ai entendu parler de l'abattage et je
suis revenue … parce que j'ai aussi eu des enfants (il
sanglote), mon Seigneur, et une femme … (il sanglote),
et j'ai entendu qu'ils avaient été tués (il sanglote encore),
mais je jure par le Dieu d'Abraham, j'ai été plus peur
pour lui que pour ma propre famille - j'ai entendu dire
qu'il avait fui et je ne pouvais même pas demander; Je
ne pouvais même pas enlever mes propres créatures
abattus … Ils me jetaient des pierres, comme ils le font
avec les lépreux et les gens impurs, ils m'ont traité
comme un meurtrier … et j'ai dû cacher dans les bois,
et vivre comme un loup … jusqu'à ce que je trouvé un
maître. Oh! il n'est plus Anne … Il est dur et cruel … Si
un mouton est blessé, si un loup se nourrit d'un agneau,
il soit me bat jusqu'à ce que je saigne ou il prend mon
pauvre salaire, et je dois travailler dans les bois pour
d'autres personnes, je dois faire quelque chose, à lui
rembourser trois fois la valeur.

Mais ce n'est pas grave. J'ai toujours dit au Très-Haut :

«Laissez-moi voir votre Messie, au moins laissez-moi savoir qu'Il est vivant, et tout le reste n'est rien.» Mon Seigneur, je vous ai dit comment les gens de Bethléem m'ont traité, et comment mon maître me traite. J'aurais pu les rembourser dans leurs propres pièces, je les aurais tort, voler, de sorte que je ne voudrais pas souffrir de mon maître. Mais je préférais souffrir, pour pardonner, pour être honnête, parce que les anges dirent : « Gloire à Dieu au plus haut des cieux et paix sur la terre aux hommes de bonne volonté.» »

« Est-ce que ce qu'ils ont dit? »

« Oui, ils l'ont fait, mon Seigneur, vous devez croire, au moins vous, qui êtes bon. Vous devez connaître et croire que le Messie est né. Personne ne croirait plus. Mais les anges ne mentent pas ... et nous n'avons pas ivres, comme ils ont dit. Cet homme ici, était un garçon alors, et il fut le premier à voir l'ange. Il buvait que du lait. Peut lait faire un ivrogne? Les anges dirent : «Aujourd'hui, dans la ville de David, le Sauveur est né, Il est le Christ, le Seigneur. Et voici pour vous un signe. Vous trouverez un enfant enveloppé de langes couché dans une mangeoire. » »

« Ont-ils dit exactement cela? N'avez-vous pas les méconnaître? N'êtes-vous pas trompé, après une si longue période? »

« Oh! non! N'est-il pas, Levi? Afin de ne pas oublier, - nous ne pouvions pas oublier en tout cas, parce qu'ils étaient des mots célestes et ont été écrits dans nos cœurs avec un feu céleste - chaque matin, chaque soir, quand le soleil se lève, quand la première étoile commence à briller, nous les répéter comme une prière, comme une bénédiction, d'avoir la force et le confort en son nom et en celui de sa mère. »

« Ah! Vous avez dit : « Christ»? »

« Non, mon Seigneur. Nous disons : « Gloire à Dieu au plus haut des cieux et paix sur la terre aux hommes de bonne volonté, par Jésus-Christ, qui est né de Marie dans une étable à Bethléem et qui, enveloppé de langes, était dans une crèche, Celui qui est le Sauveur du monde.» »

Mais, en somme, que cherchez-vous? »

« Jésus-Christ, le Fils de Marie de Nazareth, le Sauveur.»

« C'est Moi» Et Jésus est radieux comme il se révèle à ses amateurs persévérants, fidèles et patients.

« Vous! Oh! Seigneur, Sauveur, Notre Jésus!»Les trois hommes se prosternent sur le terrain et s'embrassent pieds de Jésus, pleurant de joie.

« Se lever. Se lever. Elias et vous, Levi et vous, dont je ne connais pas le nom. »

« Joseph, fils de Joseph. »

« Ce sont mes disciples, Jean, un Galilée, Simon et Jude, Judéens. »

Les bergers ne sont prosternés sur le sol, mais à genoux, assis sur leurs talons. Et donc, ils adorent le Sauveur avec des yeux d'amour et les lèvres tremblantes, tandis que leur visages blanchir et rougir de joie. Jésus est assis sur l'herbe.

« Non, mon Seigneur. Vous, roi d'Israël, il ne faut pas s'asseoir sur l'herbe. »

« Peu importe, Mes chers amis. Je suis pauvre. Un charpentier dans la mesure où le monde est concerné. Je suis riche que dans mon amour pour le monde, et dans l'amour que je reçois de bonnes personnes. Je suis venu pour rester avec vous, pour partager le repas du soir avec vous et dormir à côté de vous sur le foin, et d'être consolé par vous ... «

« Oh! confort! Nous sommes grossiers et persécutés. »
« Je suis persécuté, trop. Mais vous me donnez ce que
je cherche : l'amour, la foi et l'espérance, une espérance
qui va durer des années et supporter des fleurs. Voir?
Vous avez attendu pour moi et que vous avez cru sans le
moindre doute, que j'étais le Messie. Et je suis venu pour
vous. »
« Oh! Oui! Vous êtes venus. Maintenant, même si je
meurs, je ne serai pas fâché que je l'espérais en vain. »
« Non, Elias. Vous vivrez jusqu'à ce que le triomphe du
Christ et après. Vous avez vu mon aube, vous devez voir
ma gloire. Et que dire des autres? Vous étiez douze :
Elias, Lévi, Samuel, Jonas, Isaac, Tobias, Jonathan,
Daniel, Siméon, Jean, Joseph, Benjamin. Ma mère a
toujours mentionné votre nom à moi. Parce que vous
étiez Mes premiers amis. »
« Oh! « Les bergers sont de plus en plus ému.
« Où sont les autres? »
« Vieux Samuel est mort de vieillesse il y a une vingtaine
d'années. Joseph a été tué parce qu'il a combattu à la
porte de l'enceinte de donner du temps à sa femme qui
venait de devenir une mère quelques heures avant, pour
échapper à cet homme, que je pris avec moi pour l'amour
de mon ami … aussi d'avoir enfants autour de moi une
fois de plus. J'ai pris Lévi avec moi … Il a été persécuté.
Benjamin est un berger sur le Liban avec Daniel. Siméon,
Jean et Tobias, qui veut maintenant être appelé Matthieu
en mémoire de son père, qui a également été tué, sont
des disciples de Jean.

Jonas travaille sur la plaine d'Esdraelon pour un
pharisien. Isaac souffre beaucoup de son dos qui est
pliée en deux. Il vit dans une extrême pauvreté, à lui tout
seul à Jutta. Nous l'aidons autant que nous le pouvons,

mais nous avons tous été durement touchée et notre aide
est comme des gouttes de rosée sur un feu. Jonathan
est maintenant le serviteur de l'un des grands hommes
d'Hérode. »

« Comment avez-vous, et en particulier Jonathan, Jonas,
Daniel et Benjamin se ces emplois? »

« Je me suis souvenu Votre rapport Zacarias ... Votre
mère m'avait envoyé pour lui. Quand nous étions dans
les gorges des montagnes de Judée, fugitifs et maudits, je
les ai pris à lui. Il était bon pour nous. Il a abrité et nous
a nourris. Et il a trouvé du travail pour nous. Il a fait ce
qu'il pouvait. J'avais déjà pris du troupeau de tous Anne
pour la Hérodien ... et je suis resté avec lui ... Quand
le Baptiste, devenu un homme, commença à prêcher,
Siméon, Jean et Tobias sont allés à lui. »

« Mais maintenant, le Baptiste est en prison. »

« Oui, et ils montent la garde près de Machaerus, avec
quelques moutons, pour ne pas éveiller les soupçons. Ils
ont reçu le mouton par un homme riche, un disciple de
Jean Votre parent. »

« Je voudrais les voir tous. »

« Oui, Mon Seigneur. Nous allons aller leur dire : « Venez,
il est vivant. Il se souvient de nous et nous aime. »

« Et il veut que vous soyez ses amis. »

« Oui, mon Seigneur. »

« Mais nous allons aller d'abord à Isaac. Et où sont
Samuel et Joseph enterrés? »

Samuel à Hébron. Il est resté au service de Zacharie.
Joseph ... n'a pas de tombe. Il a été brûlé avec la
maison. »

« Il n'est plus dans le feu cruel, mais dans les flammes de
l'amour de Dieu et sera bientôt dans sa gloire. Je vous le
dis, et en particulier vous, Joseph, fils de Joseph. Viens

ici, que je puisse t'embrasser pour remercier votre père. »
« Et mes enfants? »
« Ce sont des anges, Elias. Les anges qui répètent le
«Gloria» lorsque le Sauveur est couronné.»Roi? »
« Non, Rédempteur. Oh! Qu'est-ce une procession de
quelques personnes et les saints! Et en face, il y aura les
phalanges blanches et violettes des martyrs! Dès que les
portes de Limbo sont ouvertes, nous monterons ensemble
pour le Royaume éternel. Et puis vous viendrez trouverez
vos pères, des mères et des enfants dans le Seigneur!
Croyez-moi. »
« Oui, mon Seigneur. »
« Appelez-moi: Master. Il commence à faire sombre, la
première étoile du soir commence à briller. Dire votre
prière avant le souper. »
« Pas moi vous le dire, s'il vous plaît. »
Les disciples et les bergers restent à genoux tandis que
Jésus se lève et, les bras tendus, il prie : « Gloire à Dieu
au plus haut des cieux, et paix sur la terre aux hommes
de bonne volonté qui ont mérité de voir la Lumière et
la servir. Le Sauveur est parmi eux. Le berger de la
lignée royale est avec son troupeau. L'étoile du matin
a augmenté. Réjouis-toi, juste des gens! Réjouissez-
vous dans le Seigneur. Celui qui a les voûtes du ciel et
les a parsemé d'étoiles, qui a placé les mers les limites
de la terre, qui a créé des vents et de la rosée, et fixé
au fil des saisons pour donner du pain et du vin à ses
enfants, il vous envoie maintenant une nourriture plus
sublime : le Pain vivant qui descend du ciel, le vin de la
vigne éternelle. Venez à moi, vous qui êtes le premier de
mes fidèles. Venez rencontrer le Père éternel, en vérité,
à le suivre dans la sainteté et recevoir sa récompense
éternelle. »

Les bergers offrent du pain et du lait frais, et comme il n'y a que trois courges vides utilisés pour bols, Jésus est le premier à manger, avec Simon et Judas. Alors Jean, à qui Jésus remet sa coupe, avec Lévi et Joseph. Elias est le dernier.

Les moutons ont cessé de pâturage et sont maintenant réunis dans un groupe compact peut-être en attente d'être conduit à son enceinte. Les trois bergers conduisent les moutons dans le bois, à un abri rustique faite avec des branches et délimitée par des cordes.

Puis activement, faire les lits de foin pour Jésus et ses disciples, après quoi ils allument des feux pour éloigner les animaux sauvages loin.

Judas et Jean se couchent et fatigué comme ils sont, ils sont bientôt profondément endormis. Simon aimerait accompagner Jésus, il tombe trop tôt endormi peu après, assis sur le foin et appuyé contre un poteau.

Jésus reste éveillé avec les bergers et ils parlent Joseph, Marie, la fuite en Égypte, leur retour ... et après ces questions sur l'amour d'amitié, les bergers de poser des questions plus nobles comme ce qu'ils peuvent faire pour servir Jésus? Comment vont-ils, rugueux, bergers pauvres, être en mesure de faire quoi que ce soit? Et Jésus leur enseigne et explique ensuite : « Maintenant, je vais passer par la Judée. Mes disciples de rester en contact avec vous tout le temps. Plus tard, je vais vous laisser venir. Dans le même temps, de se réunir. Assurez-vous que vous êtes tous en contact les uns avec les autres et que tout le monde sait que je suis ici, dans ce monde, en tant que Maître et Sauveur. Que tout le monde sait, mieux que vous le pouvez. Je ne vais pas promettre que vous serez cru. J'ai été moqué et battu. Ils feront la même chose pour vous.

« Mais comme vous avez été fort et juste dans votre longue attente, persistent dans l'être, maintenant que vous êtes à moi. Demain, nous irons vers Jutta. Ensuite, à Hébron. Pouvez-vous venir? »

« Bien sûr, nous le pouvons. Les routes appartiennent à tout le monde et les pâturages à Dieu. Seulement Bethléem est interdit par une haine injuste. Les autres villages savent ... mais ils se moquent de nous, en nous appelant « Buveurs». Ainsi, nous ne serons pas en mesure de faire grand-chose ici. »

« Je vais vous employer ailleurs. Je ne vais pas vous abandonner. »

« Pour toutes nos vies? »

« Pour toute ma vie. »

« Non, Maître, je mourrai en premier. Je suis vieux. »

« Vous le pensez? Non. L'un des premiers visages que j'ai vus, Elias, c'était le vôtre. Il sera également l'un des derniers. Je vais prendre avec moi, impressionné à mes yeux, l'image de votre visage dérangé par la douleur de ma mort. Mais après, vous garderez dans votre cœur le souvenir de la joie d'un matin de triomphe et allez donc attendre la mort ... La mort : la réunion éternelle avec Jésus que vous avez adoré quand il était bébé. Aussi les anges vont chanter le Gloria: «pour l'homme de bonne volonté.» »

Jésus À Juttah Avec Le Berger Isaac

Il est tôt le matin et le tintement argenté d'un petit
torrent remplit la vallée comme ses eaux écumantes
coulent vers le sud au milieu des rochers, répandant sa
fraîcheur joyeuse sur les petits pâturages le long de ses
rives, mais son humidité semble monter les pentes très
vert de les collines, du droit du sol à travers les buissons
et les arbustes de la broussaille et atteindre jusqu'à le
sommet des grands arbres de la forêt, la plupart des noix,
donnant la pente de leurs belles nuances variées de vert
émeraude. Ici et là dans le bois sont nombreux espaces
verts ouverts recouverts d'une herbe épaisse qui fait de
bons pâturages pour les troupeaux en bonne santé.

Jésus marche vers le bas vers le torrent avec ses disciples
et les trois bergers et de temps en temps, il s'arrête
patiemment attendre un mouton qui a été laissé derrière
ou un berger qui a dû courir après un agneau qui s'était
éloigné- la Bonne Pasteur, il a lui-même muni d'une
longue branche pour effacer son chemin de branches
d'aubépine, et clématites mûre qui sortent dans toutes
les directions et accrochent les vêtements, et le bâton
achève Son chiffre pastorale.
« Voyez-vous? Jutta est là-haut. Nous allons traverser le

torrent; il y a un gué, ce qui est très utile en été, sans avoir à utiliser le pont. Il aurait été plus rapide à venir via Hébron. Mais vous ne voulez pas que. »

« Non Nous irons à Hébron tard. Nous devons toujours aller d'abord à ceux qui souffrent. Les morts ne souffrent pas plus quand ils ont été justes des gens. Et Samuel était un homme juste. Et si les morts ont besoin de nos prières, il n'est pas nécessaire d'être près de leurs os de prier pour eux.

Bones? Que sont-ils? Une preuve de la puissance de Dieu qui fait l'homme avec de la poussière. Rien d'autre. Les animaux ont aussi des os. Mais les squelettes de tous les animaux ne sont pas aussi parfait que le squelette d'un homme. Seul l'homme, le roi de la création, a une position verticale, comme un roi sur ses sujets, et son visage est vers l'avant et vers le haut, sans avoir à tordre son cou; l'homme regarde vers le haut, vers la demeure du Père. Mais ils ce ne sont que des os. Poussière qui retournera à la poussière. La Bonté éternelle a décidé de les réunir à nouveau le Jour éternel de donner une joie encore plus grande pour les âmes bénies. Imaginez: non seulement les âmes seront réunies et seront s'aimer comme et même plus que ce qu'ils ont fait sur la terre, mais ils se réjouiront de voir les uns les autres avec les mêmes caractéristiques qu'ils avaient sur la terre : chers enfants aux cheveux bouclés, comme la vôtre, Elias, les pères et les mères avec des cœurs aimants et les visages comme les vôtres Levi et Joseph. Mais dans votre cas Joseph, ce sera le jour où enfin vous verrez les visages pour lesquels vous vous sentez nostalgique. Il n'y a pas plus d'orphelins, veuves aucun parmi les justes, là-haut ...

Prières pour les morts on peut dire n'importe où. C'est la prière d'une âme pour l'âme d'un rapport à l'Esprit parfait, qui est Dieu, qui est partout. Oh! sainte liberté de ce qui est spirituel! Il n'y a pas de distance, pas de l'exil, pas de prisons, pas de tombes ... Il n'y a rien qui peut diviser ou restreindre l'impuissance douloureuse ce qui est en dehors et au-dessus des chaînes de la chair. Vous allez avec votre meilleure partie, vers vos bien-aimés. Et ils viendront à vous avec leur meilleure part.

Et toute effusion de l'amour des âmes va tourner autour de la Fulcrum éternelle, autour de Dieu: le parfait Esprit le plus, le Créateur de tout ce qui a été, est et sera, Amour qui vous aime et vous apprend à aimer ... Mais ici nous sommes à le gué. Je peux voir une rangée de pierres sortent de l'eau peu profonde. »

« Oui, Maître, il est celui-là. Au moment des inondations, il y a une cascade de cheminée. Maintenant il y a sept ruisseaux s'écoulant paisiblement entre les six grandes pierres de gué. »

Ils atteignent le carrefour où six grosses pierres de section carrée sont posés sur un pied de distance les uns des autres, à travers le torrent et l'eau, qui atteint les pierres dans un large ruban étincelant, est divisé en sept mineures qui se précipitent joyeusement réunir à nouveau au-delà du gué, pour former une fois de plus un frais ruisseau qui coule, babiller entre les pierres.

Les bergers regardent la croix de moutons, un peu de marche sur les pierres, d'autres préférant traverser le ruisseau qui est seulement un pied de profondeur et ils boivent l'eau gargouillant pur.

Jésus traverse sur les pierres suivies par ses disciples et ils reprennent la marche sur l'autre rive.

« Vous m'avez dit que vous voulez informer Isaac que
vous êtes ici, mais vous ne voulez pas aller dans le
village? »

« Oui, c'est ce que je veux. »

« Eh bien, nous ferions mieux de partie. Je vais aller à
lui, Levi et Joseph vais rester avec le troupeau et avec
vous. Je vais ici. Il sera plus rapide.»

Et Elias commence à monter du côté de la montagne,
vers les maisons blanches qui sont si lumineux là-haut
dans le soleil.

Il atteint les premières maisons et longe un petit
chemin entre les maisons et les jardins potagers et des
promenades ainsi pendant une dizaine de mètres, puis
se transforme en une route plus large et entrer dans la
place.

Le marché du matin est toujours sur la place et les
femmes au foyer et les vendeurs crient sous les ombrages
de la place.

Sans s'arrêter, Elias se déplace résolument vers
l'extrémité de la place et une rue attrayante commence,
dans une petite maison, ou plutôt, une chambre avec
la porte grande ouverte. Presque sur son seuil, dans un
petit lit, se trouve un malade amaigri demandant aux
passants l'aumône d'une voix plaintive. Elias se lance
dans.

Isaac ... c'est moi. »

« Vous? Je ne vous attendais pas. Vous étiez ici le mois
dernier. »

Isaac ... Isaac ... Savez-vous pourquoi je suis venu? »

« Non, je n'ai pas ... vous êtes excité. Ce qui se passe? »

« J'ai vu Jésus de Nazareth, il est un homme,
maintenant, un rabbin. Il est venu me chercher ... et Il

67

veut nous voir. Oh! Isaac! N'êtes-vous pas bien?»
Isaac, en fait, est retombé comme s'il était en train de
mourir. Mais il est rond: « Non, Les nouvelles ... Où est-
il? Comment est-il? Oh! Si je pouvais le voir!»
« Il est dans la vallée. Il m'a envoyé vous dire exactement
ceci: «. Allons, Isaac, parce que je veux vous voir et vous
bénisse» Je vais appeler quelqu'un maintenant pour
m'aider et je vais vous prendre vers le bas.»
« Est-ce que ce qu'il a dit?»
« Oui, il est. Mais que faites-vous?»
« Je vais.»
Isaac jette les couvertures, il déplace ses jambes
paralysées, il les jette hors de la paillasse, il met ses
pieds sur le sol, il se lève, encore un peu hésitant, et
fragile. Tout se passe en un instant, sous les yeux grands
ouverts d'Elias ... enfin, qui comprend et débute à crier
... Une petite femme regarde dans curieusement. Elle voit
le malade se lève et se couvrir avec une des couvertures,
car il n'a rien d'autre, et s'enfuir en criant comme un fou.
Allons ... de cette façon, il sera plus rapide et nous
n'atteindrons pas la foule ... rapide, Elias. « Ils passent
par une petite porte d'un jardin potager à l'arrière, ils
poussent la porte, faite de branches sèches, et une fois
dehors, ils courent le long d'un chemin sale étroite, puis
dans une petite rue le long des jardins potagers et enfin à
travers les prairies et fourrés, jusque dans le torrent.
« Il est Jésus, là-bas», dit Elias, lui faisant remarquer.
« Le grand, beau-ci, avec des cheveux blonds, avec une
tunique blanche et d'un manteau rouge ... »
Isaac court, il traverse les moutons de pâturage, et avec
un cri de triomphe, la joie et l'adoration, il se prosterne
aux pieds de Jésus.
« Levez-vous, Isaac. Je suis venu. Pour vous apporter la

paix et les bénédictions. Levez-vous, que Je puisse voir votre visage. »

Mais Isaac ne peut pas résister, surmonter avec excitation comme il est et il reste prostré, le visage sur le sol, criant joyeusement.

« Vous êtes venus à la fois. Vous n'avez pas à vous inquiéter si vous pouviez ... »

« Vous m'avez dit de venir ... et je suis venu. »

« Il n'a même pas fermé la porte ou ramasser les aumônes, Maître. »

« Ce n'est pas important. Les anges regarder sa maison. Êtes-vous heureux, Isaac? »

« Oh! Mon Seigneur! »

« Appelez-Moi Maître. »

« Oui, mon Seigneur, mon Maître. Même si vous ne m'aviez pas guéri, j'aurais été heureux de vous voir. Comment pourrais-je trouver tant de grâce avec vous? »

«À cause de votre foi et de patience, Isaac. Je sais combien vous avez souffert ... »

« Rien! rien! Ce n'est pas important! J'ai trouvé Vous. Vous êtes en vie. Vous êtes ici. C'est ce qui compte. Le reste, tout le reste est terminé. Mais, mon Seigneur et mon Maître, vous ne vont pas disparaître, pas plus, est-ce exact? »

Isaac, j'ai tout Israël pour évangéliser. Je vais ... Mais si je ne peux pas rester, vous pouvez toujours servir et qu'il me suive. Voulez-vous être mon disciple, Isaac? »

« Oh! Mais je ne suis pas capable! »

« Pouvez-vous avouez Qui suis-je? Avouer contre railleries et menaces? Et dire aux gens que je vous ai appelé et vous êtes venus? »

« Même si vous ne voulez pas, je avouer tout cela. Je voudrais vous désobéir en ce que Maître. Pardonnez-moi de le dire. »

Jésus sourit. « Vous pouvez voir alors que vous êtes capable de devenir un disciple! »

« Oh! Si c'est tout ce qu'on a à faire! Je pensais qu'il était plus difficile, que nous devions aller à l'école avec les rabbins pour apprendre à vous servir, le rabbin de rabbins ... et d'aller à l'école à mon âge ...»L'homme fait doit être âgé d'au moins cinquante ans .

« Vous avez fait vos études déjà, Isaac. »

« Moi? »

« Oui, vous les avez faites. N'avez-vous pas continué de croire à l'amour, au respect et à bénir Dieu et votre prochain, de ne pas être envieux, de ne pas vouloir ce qui appartient à d'autres personnes, et même quel était votre propre et vous ne possédiez, pour ne parler que de la vérité, même si elle doit être dangereux pour vous, de ne pas s'associer avec Satan commettre des péchés? N'avez-vous pas fait toutes ces choses, dans les trente dernières années de malheurs? »

« Oui, Maître. »

« Donc, vous voyez, vous avez fait vos études. Continuer à le faire et, en plus, révéler au monde que je suis dans le monde. Il n'y a rien d'autre à faire. »

« Je vous l'ai déjà prêché, Seigneur Jésus. Je vous prêché aux enfants, qui venaient, quand je suis arrivé boiteux dans ce village, la mendicité pour le pain et faire un peu de travail, tels que la tonte et le travail des produits laitiers, et les enfants l'habitude de venir autour de mon lit, quand je suis pire et j'étais paralysé de ma taille vers le bas. J'ai parlé de vous à des enfants de combien d'années, et aux enfants de nos jours, qui sont les fils des précédents ... Les enfants sont bons et ils croient toujours ... Je leur ai dit de votre naissance ... des anges

... de l'Star et les Sages ... et de votre mère ... Oh! Dîtes-moi! Elle est vivante?

« Elle est vivante et elle vous envoie ses salutations. Elle parlait toujours de vous tous. »

« Oh! Si je pouvais la voir! »

« Vous allez la voir. Vous viendrez à ma maison un jour. Marie va vous saluer en disant : « Mon ami». »

Mary ... oui, quand vous prononcez ce nom, c'est comme remplir votre bouche avec du miel ... Il y a une femme dans Jutta, elle est une femme maintenant, elle a eu son quatrième enfant il n'y a pas longtemps, mais une fois qu'elle était une petite fille, un de mes petits amis ... et elle a appelé ses enfants : Marie et Joseph les deux premiers, et comme elle n'a pas osé appeler la troisième Jésus, elle l'a appelé Emmanuel, comme un bon présage pour elle-même, sa maison et Israël. Et elle envisage maintenant d'un nom à donner à son quatrième enfant, né il y a six jours. Oh! Quand elle entend que je suis guérie! Et que vous êtes ici! Sarah est aussi bonne que du pain maison, et son mari Joachim est également très bon. Et leurs parents? Je leur dois ma vie. Ils ont toujours aidé et m'a protégé. »

« Allons, et leur demandons l'hospitalité pendant les heures chaudes de la journée et de les bénir pour leur charité. »

« De cette façon, Maître. Il est plus facile pour les moutons et nous éviter les gens, qui sont très certainement excité. La vieille femme, qui me voyait se lever, aura certainement leur ai dit. »

Ils suivent le torrent, au départ de plus au sud, pour prendre un sentier escarpé à flanc de montagne en forme de la proue d'un navire, se déplaçant dans la direction opposée au torrent courir maintenant le long d'une belle vallée inégale formée par l'intersection de deux chaînes de montagnes.

Un petit mur de pierres sèches marque les limites de la succession qui décline vers la vallée. Sur la prairie, il y a la pomme, figuiers et noyers, un potager avec un puits, la pergola et les parterres de fleurs et plus loin, une maison blanche entourée de pelouses vertes, avec une aile en saillie qui protège l'escalier et forme un porche et loggia avec un petit dôme sur la partie la plus haute.

Il y a beaucoup de cris provenant de la maison.

Marcher en avant, Isaac va et appelle au sommet de sa voix: « Marie, Joseph, Emmanuel! Où êtes-vous? Venez à Jésus. »

Trois petits : une fille de cinq ans environ, et deux petits garçons, sur quatre et deux ans, courent à Isaac, le plus jeune encore un peu incertain sur ses jambes. Ils sont stupéfaits de voir la ... homme ressuscité. Puis la petite fille crie : « Isaac! Maman! Isaac est ici! Judith avait raison. »

Un grand, bien en chair, brun, belle femme émerge d'une salle bruyante, la plus belle dans sa plus belle robe : une robe de lin blanc comme neige, comme une chemise riche tomber dans des plis jusqu'à ses chevilles. Elle est liée à sa taille bien faite avec un châle rayé multicolore qui couvre les hanches merveilleuses tomber dans franges jusqu'aux genoux à l'arrière. A l'avant, la chemise est liée sous la boucle en filigrane et ses extrémités pendre.

Un léger voile décoré de branches de roses sur un fond beige est épinglé sur ses nattes noires, comme un petit turban, et tombe sur son cou en plis fluides et ensuite sur ses épaules et la poitrine. Il est maintenu serré sur la tête par une petite couronne de médailles attachées ensemble par une petite chaîne. Lourds anneaux

suspendus à ses oreilles, et sa tunique est maintenu près
de son cou par un collier en argent qui passe à travers
des œillets de sa robe. Et il y a des bracelets en argent
lourds sur ses bras.

Isaac! Qu'est-ce que c'est que ça? Judith ... J›ai pensé
qu›elle était devenue folle ... Mais vous marchez! Ce qui
s›est passé? »

« Le Sauveur! Oh! Sarah! Il est ici! Il est venu! »

« Qui? Jésus de Nazareth? Où est-il? »

« Là-bas! Derrière le noyer, et il veut savoir si vous allez le
recevoir! »

Joachim! Mère! Venez ici, vous tous! Le Messie est ici!»
Femmes, hommes, garçons, petits courent en criant et
hurlant ... mais quand ils voient Jésus, grand et
majestueux, ils perdent cœur et deviennent pétrifié.

« Paix à cette maison et à vous tous. La paix et la
bénédiction de Dieu. «Jésus marche lentement, souriant,
vers le groupe. « Mes amis : allez-vous donner l'hospitalité
à la Wayfarer?»Il sourit et même plus. Son sourire
surmonte toutes les peurs. Le mari reprend cœur :

« Venez, Messie. Nous vous avons aimés avant de vous
rencontrer. Nous vous aimer plus après vous répondre.
La maison est célèbre aujourd'hui pour trois raisons :
pour vous, pour Isaac et pour la circoncision de mon
troisième fils. Bénissez-le, Maître. Femme, amener le
bébé! Venez, mon Seigneur. »

Ils entrent dans une salle décorée pour la fête. Il y a des
tables avec des denrées alimentaires, des tapis et des
branches partout dans le monde.

Sarah revient avec un beau bébé nouveau-né dans ses
bras et lui présente à Jésus.

« Que Dieu soit toujours avec lui. Quel est son nom? »

« Pas encore de nom. C'est Marie, c'est Joseph, c'est

Emmanuel ... mais celui-ci n'a pas encore de nom

...»Jésus les regarde les parents, qui sont proches les uns des autres, il sourit : « Trouver un nom, s'il est de se faire circoncire aujourd'hui ... « Ils regardent les uns les autres, ils le regardent, ils ouvrent la bouche et les fermer à nouveau sans rien dire. Tout le monde est attentif.

Jésus insiste : « L'histoire d'Israël a tant de grands noms, bénis, doux. Ceux douces et les plus bénies ont déjà été donnés. Mais peut-être il y a encore quelques gauches. » Les parents, crient ensemble : « Bien à vous, Seigneur!»et la mère ajoute : « Mais il est trop sainte ...»

Jésus sourit et demande : « Quand il sera circoncis? »

« Nous attendons l'exciseuse. »

« Je serai présent à la cérémonie. Et en attendant, je tiens à vous remercier pour ce que vous avez fait pour mon Isaac. Il n'a plus besoin de l'aide des gens de bien. Mais les bonnes gens ont encore besoin de Dieu. Vous avez appelé votre troisième fils : Dieu est avec nous. Mais vous aviez Dieu avec vous depuis que vous étiez charitable à mon serviteur. Puissiez-vous être bénis. Votre charité se souviendra dans les cieux et sur la terre. »

« Est-Isaac s'en va maintenant? Est-ce qu'il nous quitte? »

« Est-ce que vous en colère? Mais il doit servir son maître. Mais il viendra, et ne sera donc I. En attendant, vous parlera du Messie ... Il y a tellement de choses à dire pour convaincre le monde! Mais ici, c'est la personne que vous attendez. »

Un personnage pompeux arrive avec un serviteur. Il y a des salutations et des révérences. « Où est l'enfant?»Il demande hauteur

« Il est ici. Mais accueillir le Messie. Il est ici. »
« Le Messie! Celui qui guérit Isaac? J'en ai entendu
parler. Mais... Nous en parlerons après. Je suis très
pressé. L'enfant et son nom. »
Les personnes présentes sont mortifiés par les mœurs de
l'homme. Mais Jésus sourit comme si l'impolitesse n'a
pas été adressée à lui. Il prend le bébé, il touche son petit
front avec ses beaux doigts, comme s'il voulait lui
consacrer et dit : « Son nom est Jesai 'et lui tend à son
père, qui va dans une autre pièce avec l'homme hautain
et d'autres personnes. Jésus reste là où il est jusqu'à ce
qu'ils reviennent avec l'enfant, qui hurle désespérément.
« Femme, donnez-moi l'enfant. Il ne pleure pas plus
longtemps» dit-il pour consoler la mère en détresse. En
fait, l'enfant, une fois qu'il est posé sur les genoux de
Jésus, devient silencieux.
Jésus forme son propre groupe, avec les petits autour de
lui, et aussi les pasteurs et les disciples. Le mouton que
Elias a mis dans une enceinte sont bêle extérieur. Il est le
bruit d'une partie de la maison. Ils apportent des
bonbons et des boissons à Jésus. Mais Jésus leur
distribue aux petits.
« Êtes-vous ne buvez pas, Maître? Serez-vous ne pas
avoir quoi que ce soit. Nous offrons chaleureusement. »
« Je sais, Joachim, et je l'accepte sans réserve. Mais
laissez-moi faire les petits d'abord heureux. Ils sont ma
joie ... »
« Ne faites pas attention à cet homme, Maître. »
« Non, Isaac. Je vais prier pour qu'il voie la lumière. Jean,
prendre les deux petits garçons pour voir les moutons. Et
toi, Marie, viens plus près de moi et me dire : Qui suis-
je? »
« Vous êtes Jésus, le Fils de Marie de Nazareth, né à

75

Bethléem. Isaac a vu Vous et il m'a donné le nom de votre mère, que je peux être bon. »

« Pour l'imiter, vous devez être aussi bon comme un ange de Dieu, plus pure que le lis qui fleurit au sommet d'une montagne, aussi pieux que le plus saint Lévite. Serez-vous comme ça? »

« Oui, Jésus, je le ferai. »

« Dis : Maître ou Seigneur, petite fille. »

« Laissez-moi appeler avec mon nom, Judas. Seulement quand il est prononcé par des lèvres innocentes, il ne perd pas le son qu'il a sur les lèvres de ma mère. Tout le monde, à travers les siècles à venir, va mentionner ce nom, certains en raison d'un intérêt ou d'une autre, un peu à le maudire. Seules les personnes innocentes, sans aucun intérêt ni aucune haine, le prononceront avec le même amour que cette petite fille et ma mère. Les pécheurs m'invoquent aussi, parce qu'ils ont besoin de miséricorde. Mais ma mère et les petits! Pourquoi m'appelez-vous Jésus? » demande-t-il, en caressant la petite fille.

« Parce que je t'aime ... comme j'aime mon père, ma mère et mes petits frères » répond-elle, embrassant les genoux de Jésus, et souriant avec sa tête tournée vers le haut. Et Jésus se penche et l'embrasse.

Jésus À Hébron. À La Maison De Zacarias. Aglaé.

« À quelle heure allons-nous arriver? » demande Jésus, marchant au centre du groupe derrière les moutons, pâturage sur l'herbe sur les bords.

« Au sujet de la troisième heure. C'est près de dix miles », répond Elias.

« Allons-nous Kériot après? » demande Judas.

« Oui, nous allons y aller. »

« N'est-ce pas plus rapide pour aller à Kériot de Jutta? Il ne peut pas être une grande distance. Est-ce exact, berger? »

« Environ deux miles plus long, plus ou moins. »

« De cette façon, nous fera plus de vingt pour rien. »

« Judas, pourquoi es-tu si inquiet? »

« Je ne suis pas inquiet, Maître. Mais vous aviez promis de venir à ma maison. »

« Et je le ferai. Je tiens toujours mes promesses. »

« Je fis dire à ma mère ... et après tout, vous l'avez dit, on peut être proche de la mort aussi avec son âme. »

« Je l'ai fait. Mais il suffit de penser, Judas : vous n'avez pas encore souffert à cause de moi. Ces personnes ont souffert pendant trente ans, et ils n'ont jamais trahi, même pas mon mémoire. Ils ne savaient pas si j'étais mort ou vivant ... et pourtant ils sont restés fidèles. Ils se souvenaient de moi comme un bébé nouveau-né, un enfant avec rien que des larmes et de la nécessité de lait ... et ils m'ont toujours adoré comme Dieu. À cause de moi, ils ont été battus, maudit, persécuté comme si elles étaient la honte de la Judée, et pourtant leur foi n'a jamais faibli. Elle n'a pas non meurt sous les coups, au contraire, il a des racines plus profondes et est devenu plus fort. »

« Au fait. Depuis quelques jours, j'ai eu le souci de vous poser une question. Ces personnes sont vos amis et les amis de Dieu, n'est-ce pas? Les anges les bénis avec les paix du Ciel, n'ont-ils pas? Ils ont été fidèles contre toutes les tentations, n'ont-ils pas? Voulez-vous m'expliquer, alors, pourquoi ils sont malheureux? Et qu'en est-Anne? Elle a été tuée parce qu'elle vous aimait ... »

« Êtes-vous en déduire donc que dˈêtre aimé par moi et à lˈamour de moi porte malheur? »

« Non ... mais ... »

« Mais vous êtes. Je suis désolé de vous voir si fermée à les Lumière et ainsi ouvert aux choses humaines. Non, jamais l'esprit Jean, et vous aussi, Simon. Je lui préfère parler. Je ne reproche jamais. Je veux seulement que vous ouvrez vos âmes à moi afin que je puisse les éclairer.

Viens ici, Judas, écouter. Vous vous basez sur une opinion qui est commun à beaucoup de gens de notre temps et sera commune à un grand nombre à l'avenir. J'ai dit : une opinion. Je devrais dire : une erreur. Mais puisque vous ne le faites pas par méchanceté, mais par ignorance de la vérité, ce n'est pas une erreur, c'est seulement une opinion erronée comme un enfant. Et vous êtes comme des enfants, Mes pauvres. Et je suis ici, en tant que Maître, de sensibiliser les adultes de vous, capables de dire la vérité du faux, le bien du mal et ce qui est meilleur de ce qui est bon. Écoutez-moi donc. Qu'est-ce que la vie? C'est une période de pause, je dirais les limbes de Limbo, ce Dieu le Père vous accorde comme essai pour vérifier si vous êtes de bons ou de mauvais enfants, après quoi il attribuera, en fonction de vos actions, une vie future sans pauses ou essais.

Maintenant, dites-moi: serait-il juste si un homme, tout simplement parce qu'il a été accordé le don rare d'être dans la position de servir Dieu d'une manière spéciale, avait aussi une richesse éternelle tout au long de sa vie? Ne pensez-vous pas qu'il a déjà été accordé beaucoup et peut donc se considérer comme heureux, même si les choses humaines sont contre lui? Ne serait-il pas injuste que celui qui a déjà la lumière de la révélation divine dans son cœur et le sourire d'une conscience claire, devrait également avoir les honneurs du monde et de la richesse? Et ne serait-il pas aussi déconseillé?

« Maître, je voudrais également dire qu'il serait un sacrilège. Pourquoi mettre joies humaines où vous êtes déjà? Quand on vous a - et ils avaient Vous, ils sont les seuls les gens riches en Israël parce qu'ils vous avez eu pendant trente ans - il faut avoir rien d'autre. Nous ne mettons pas les choses humaines sur le propitiatoire ... et le vase sacré est utilisé uniquement à des fins sacrées. Et ces gens sont consacrés depuis le jour où ils ont vu votre sourire ... et rien que vous, c'est entrer leurs cœurs, qui possèdent Vous. Je voudrais être comme eux! », Dit Simon.

« Mais vous avez perdu un rien de temps, immédiatement après que vous avez vu le Maître et ont été guéris, à se remettre votre propriété » répond Judas, sarcastiquement.

« C'est vrai. J'ai dit que je le ferais et je l'ai fait. Mais savez-vous pourquoi ? Comment pouvez-vous juger si vous ne connaissez pas la situation dans son ensemble ? Mon représentant a reçu des instructions précises. Maintenant que Simon le Zélote a été guéri - et ses ennemis ne peut plus lui faire de mal, ils ne peuvent pas le persécuter parce qu'il n'appartient qu'à Jésus et à aucune secte : il a Jésus et rien d'autre - Simon peut disposer de sa fortune qui un honnête et fidèle serviteur faisait pour lui. Et moi, est le propriétaire d'un délai supplémentaire court, donné des instructions que la succession doit être réorganisé, afin que je reçois plus d'argent lors de la vente et je serais capable de dire ... non, je ne dis pas que. »

« Les anges disent, Simon et ils écrivent dans le livre éternel », dit Jésus.

Simon regarde Jésus. Leurs regards se croisent : exprimer la surprise de Simon, l'approbation de la bénédiction de Jésus.

« Comme d'habitude. Je me trompe. »

« Non, Judas. Vous avez un sens pratique, vous avez dit vous-même. »

« Oh! mais avec Jésus! ... Aussi Simon-Pierre était pleine de sens pratique, maintenant à la place! ... Vous aussi, Judas, deviendrez comme lui. Vous avez été avec le Maître d'un peu de temps, nous avons été plus avec lui et nous sommes déjà mieux », dit Jean qui est toujours gentil et conciliant.

« Il ne voulait pas de moi. Sinon, j'aurais été son depuis la Pâque. Dit Judas plaintif. »

Jésus met fin à l'argument en demandant Levi: « Êtes-vous déjà allé en Galilée? »

« Oui, mon Seigneur. »

« Vous viendrez avec moi pour me prendre à Jonas. Savez-vous lui? »

« Oui, je le fais. Nous avons toujours rencontré à la Pâque. J'avais l'habitude d'aller le voir alors. » Joseph, mortifié, baisse la tête. Avis Jésus et dit : « Vous ne pouvez pas à la fois venir. Elias seraient laissés seuls avec les moutons. Mais vous viendrez avec moi jusqu'à la Jéricho passer là où nous nous séparerons pour un certain temps. Je vais vous dire après ce que vous avez à faire. »

« Qu'en est-il de nous? Ne serons-nous pas faire quelque chose? »

« Oui, vous voulez, Judas, vous. »

« Il y a quelques maisons de là-bas », dit Jean, fait quelques pas en avant de l'autre.

« C'est Hébron. Entre deux rivières avec sa crête. Voir, Maître? Cette maison là-bas, au milieu de tout le vert, un peu plus haut que les autres? C'est la maison de Zacharie. »

« Laissez-nous hâter le pas. »

Petits sabots de mouton cliquer comme des castagnettes sur les pierres inégales de la route pavée d'environ car ils accélèrent leur rythme, rapidement couvrent le dernier tronçon de la route et entrer dans le village.

Les gens regardent le groupe d'hommes, si différents par le regard, l'âge et vêtements parmi les moutons blancs. Ils atteignent la maison.

« Oh! C'est différent! Il y avait une porte ici! », Dit Elias.

Maintenant, au contraire, il y a une porte de métal que l'on empêche de voir, et aussi le mur d'enceinte est supérieur à un homme et donc rien ne peut être vu à l'intérieur.

« Peut-être, il sera ouvert à l'arrière.»Ils vont autour d'un grand mur rectangulaire, mais son prix est à la même hauteur tout autour. « Le mur a été construit il n'y a pas longtemps » remarque Jean, examiner. « Il n'y a pas une égratignure sur elle et il y a encore des décombres de la chaux sur le sol.» « Je ne peux même pas voir le sépulcre ... Il était près de la forêt. Maintenant, le bois est à l'extérieur du mur et ... et il semble appartenir à tout le monde. Ils se réunissent en bois-il. Elias est perplexe.

Un petit homme fort à la recherche, un vieux bûcheron, qui regarde le groupe, s'arrête scier un tronc couché sur le sol et se dirige vers le groupe. « Qui cherchez-vous? « Nous voulions aller dans de prier sur la tombe de Zacharie.» « Il n'y a pas tombe plus. Vous ne savez pas? Qui êtes-vous?»

« Je suis un ami de Samuel, le berger. Ce ...»

« Il n'est pas nécessaire, Elias dit, Jésus et Elie se tait. « Ah! Samuel! ... Je vois! Mais depuis que Jean, le fils de Zacharie, a été mis en prison, la maison n'est plus la sienne. Et c'est un malheur parce que tout le bénéfice de sa propriété a été donné aux personnes pauvres à Hébron. Un matin, un homme est venu de la cour d'Hérode, il jeta sur Josèphe, il apposa joints, puis il est revenu avec des maçons et ils ont commencé à élever le mur ... Le sépulcre était là-bas dans le coin. Il ne voulait pas ... et un matin nous avons trouvé tout gâté et à moitié détruite ... les pauvres os dispersés tout ... Nous les avons remontés ainsi que nous avons pu ... Ils sont maintenant dans un sarcophage ... Et dans la maison du prêtre, Zacarias, que l'homme sale maintient ses amants. Maintenant, il y a un mime de Rome. C'est pourquoi il a soulevé la paroi. Il ne veut pas que les gens voient ... La maison du prêtre un bordel! La maison du miracle et du Précurseur! Car c'est certainement lui, s'il n'est pas le Messie. Et combien nous avons eu du mal à cause de Jean-Baptiste! Mais il est notre grand homme! Il est vraiment génial! Même quand il est né il y avait un miracle. Elizabeth était aussi vieux que d'un chardon desséché mais elle est devenue aussi fructueuse que une pomme dans Adar * et ce fut le premier miracle. Puis un de ses cousins est venu et elle était une sainte femme et elle lui servait et desserré la langue du prêtre. Son nom était Marie. Je me souviens bien que nous Son vu très rarement. Comment cela s'est passé, je ne sais pas. Ils disent que pour faire Elizabeth heureux, Elle a fait Zacarias a mis sa bouche muette contre Sa poitrine enceinte ou ce elle a mis ses doigts dans sa bouche. Je ne sais pas. Il est un fait que, après le silence de neuf mois, Zacharie a parlé de louer le Seigneur en disant qu'il y avait un Messie. Il n'a pas expliqué plus. Mais ma femme était là ce jour-là et elle m'a assuré ce Zacarias, louant le Seigneur, a dit que son fils aurait le précéder. Maintenant, je dis : ce n'est pas ce que les gens croient. Jean est le Messie et il marche devant le Seigneur, comme Abraham alla devant Dieu. C'est ce qu'il est. N'ai-je pas raison? »

* Adar est le sixième mois du calendrier juif, qui tombe entre Février et Mars.

« Vous avez raison en ce qui concerne l'esprit de Jean-Baptiste, qui procède toujours devant Dieu. Mais vous n'êtes pas le droit à l'égard du Messie »
« Eh bien, la femme qui a dit qu'elle était la Mère du Fils

de Dieu - Samuel a dit - n'est-ce pas vrai qu'elle était?
Elle est encore en vie? »
« Oui, elle l'était. Le Messie est né, précédé par celui qui a
ressuscité sa voix dans le désert, comme le Prophète a
dit. »
« Vous êtes le premier à le dire. Jean, la dernière fois que
Jowehel lui a fallu une peau de mouton, ce qu'il a fait
chaque année au début de l'hiver, mais il a été interrogé
au sujet du Messie, n'a pas dit : «Le Messie est ici.»
Quand il le dira ... »
« L'homme, j'étais un disciple de Jean et je l'ai entendu
dire : « Voici l'Agneau de Dieu «pointant vers ...» dit Jean.
« Non, non. Il est l'Agneau. Un véritable Agneau qui a
grandi par lui-même, presque sans le besoin d'un père et
d'une mère. Dès qu'il est devenu un fils de la loi, il a vécu
isolé dans les grottes de la montagne surplombant le
désert, et il a grandi, il converser avec Dieu. Elizabeth et
Zacharie sont morts, et ils ne sont pas venus. Dieu était
que son père et sa mère. Il n'y a pas saint homme plus
grand que lui. Vous pouvez demander à tout le monde à
Hébron. Samuel utilisé pour le dire, mais les gens de
Bethléem devait avoir raison. Jean est le saint homme de
Dieu. »
« Si quelqu'un vous dit : « Je suis le Messie », que diriez-
vous? » demande Jésus.
« Je l'aurais appelé « blasphémateur «et je l'aurais chassé
et lui aurait jeté des pierres. »
« Et s'il a travaillé un miracle pour prouver qu'il était le
Messie? »
« Je dirais qu'il était» possédé «. Le Messie viendra où
Jean se révèle dans sa vraie nature. La haine d'Hérode
très en est la preuve. Rusé comme il est, il sait que Jean
est le Messie. »

« Il n'est pas né à Bethléem. »

« Mais quand il est libéré, après avoir annoncé lui-même ses imminence venir, il se révélera à Bethléem. Aussi Bethléem attend pour cela. Alors que ... Oh! Allez, si vous avez beaucoup de courage, et de parler aux Bethléhemites d'un autre Messie ... et vous verrez ...»

« Avez-vous une synagogue? »

« Oui, environ deux cents pas en ligne droite. Vous ne pouvez pas vous tromper. Près de là se trouve le sarcophage avec les restes violés. »

« Au revoir, que Dieu vous éclaire. »

Ils s'en vont, faire un virage à droite sur l'avant de la maison et de trouver, à sa porte, une belle jeune femme vêtue effrontément. « Mon Seigneur, voulez-vous entrer dans la maison? Venez. »

Jésus la regarde aussi grave que le juge mais ne parle pas. Mais Judas fait, soutenu par tous les autres.

« Retour en femme sans vergogne! Ne nous profaner avec votre souffle, salope vorace. »

Les fards à joues de femme, incline la tête et est sur le point de disparaître confus et raillé par les oursins et les passants.

Qui est aussi pure que de dire : « Je n'ai jamais souhaité la pomme offerte par Ève?» Jésus demande, sévèrement. 'Montrez-moi lui et je vais l'appeler un saint homme. Personne? Eh bien, si ce n'est pas par dégoût, mais par faiblesse, vous vous sentez incapable de s'approcher de cette femme, vous pouvez retirer. Je ne vais pas forcer les faibles dans des luttes inégales. Femme, je voudrais venir. Cette maison appartenait à un parent de la mine et est cher à moi. »

« Venez, mon Seigneur, si Vous ne me détestez pas. »

« Laissez la porte ouverte, que le monde peut voir et ne

peut pas cancans ... »

Jésus entre, grave et solennel.

La femme, subjugué, se prosterne devant lui et n'ose pas bouger. Mais les railleries du peuple lui trancher dans le vif si elle s'enfuit à la fin du jardin, tandis que Jésus va aussi loin que le pied de l'escalier. Il a l'air en travers les demi ouvert des portes, mais n'entre pas. Puis il se rend à l'endroit où le sépulcre était une fois, où il y a maintenant un petit temple païen.

« Les os de la juste, aussi quand il est sec et dispersés, suintent un baume de purification et répartis semence de vie éternelle. Paix aux morts qui vivait faire du bien! Paix au pur qui dorment dans le Seigneur! Paix à ceux qui ont souffert, mais ne savait vice! Paix aux vrais grands du monde et du ciel! Paix! »

Marcher le long de la haie de protection, la femme a rejoint Jésus.

« Mon Seigneur! »

« Femme ».

« Votre Nom, mon Seigneur. »

« Jésus. »

« Je ne l'ai jamais entendu. Je suis romaine : une mime et danseuse. Je suis experte que dans la luxure. Quelle est la signification de votre nom? Mon nom est Aglaé et ... et cela signifie : Vice »

« Le mien signifie : Sauveur ».

« Qui sauvez-vous? Et comment? »

« Ceux qui sont impatients d'être sauvés. Je sauve en enseignant à être pur, à préférer douleurs aux honneurs, à vouloir le bien à tout prix. » Jésus parle sans amertume, sans même se tourner vers la femme.

« Je suis perdue ... »

« Je suis celui qui cherche qui est perdu. »

« Je suis morte. »

« Je suis Celui qui donne la vie. »

« Je suis la saleté et le mensonge. »

« Je suis la Pureté et la Vérité. »

« Vous êtes également Bounty, Vous ne me regarde pas. Vous ne me touchez pas, vous ne marchez pas sur moi. Aie pitié de moi ... »

« Tout d'abord, vous devez avoir pitié de vous-même. Sur votre âme. »

« Qu'est-ce que l'âme? »

« C'est ce qui fait un dieu de l'homme et non un animal. Vice et le péché de tuer et une fois qu'il est tué, l'homme devient un animal répugnant. »

« Est-il possible pour moi de vous revoir?

« Qui me cherche, me trouve. »

« Où habitez-vous? »

« Là où les cœurs besoin de médecins et de médicaments de redevenir honnête. »

« Dans ce cas ... Je ne vais pas vous revoir ... Je vis où aucun médecin, la médecine ou l'honnêteté est voulu. »

« Rien ne vous empêche de venir là où je suis. Mon nom sera crié dans les rues et vous parviendra. Au revoir. »

« Adieu, mon Seigneur. Permettez-moi de vous appeler « Jésus ». Oh! Pas de familiarité! »

Mais ... cet un peu de salut peut venir à moi. Je suis Aglaé, rappelez-vous de moi. »

« Je le ferai. Au revoir. »

La femme reste à la fin du jardin tandis que Jésus vient de son aspect sévère et un serviteur ferme la porte. Il regarde tout le monde, voit la perplexité dans ses disciples et entend huées des Hébronites.

Marcher tout droit le long de la route, Jésus frappe à la synagogue et un homme du ressentiment donne.

« La synagogue est interdit, dans ce lieu saint, à ceux qui traitent avec des prostituées. »

« Va-t'en. », Dit l'homme, pas même Jésus donnant le temps de parler.

Sans réponse, Jésus se détourne et continue de marcher le long de la route, suivi par ses disciples.

En dehors de Hébron, ils commencent à parler.

« Vous avez demandé des ennuis, Maître», dit Judas.

« Une prostituée, de toutes les personnes! »

« Judas, je vous le dis solennellement qu'elle vous surpasser. Et maintenant, puisque vous me reprocher, que dites-vous des Judéens? Dans les endroits les plus saints de Judée, nous avons été bafoués et chassé … C'est la vérité. Le jour viendra où la Samarie et la Gentils adorer le vrai Dieu, et le peuple du Seigneur sera souillés de sang et un crime … un crime en comparaison de laquelle les péchés des prostituées qui vendent leurs corps et leurs âmes, sera une toute petite chose. Je n'étais pas capable de prier sur la tombe de mes cousins et du juste Samuel. Ce n'est pas important. Reste, os saints, réjouissez-vous, âmes, qui habitaient eux. La première résurrection est proche. Puis le jour viendra où vous verrez les anges comme les âmes des serviteurs du Seigneur. »

Au Jordan Ford. Allant Rencontrer Les Bergers Jean, Matthias And Siméon.

Il y a des lignes de petits ânes et les gens qui vont et viennent le long de la route battue qui longe les rives verdoyantes de la Jordanie. En outre, sur la rive de la rivière, sont trois hommes qui gardaient quelques moutons dans le pâturage.

Joseph est en attente sur la route, en regardant de haut en bas. Au loin, à la jonction du chemin de la rivière avec la route principale, Jésus apparaît avec ses trois disciples. Joseph appelle aux bergers qui conduire les brebis le long de la rive herbeuse, marcher rapidement vers Jésus.

« Je n'ai pas le courage ... Que vais-je dire à le saluer? »
« Oh! Il est si bon! Dis : « La paix soit avec vous » Il dit toujours ça. »
« Oui, il ... mais nous ... »
« Et moi? Je ne suis même pas un de ses premiers adorateurs et il est si friand de moi ... oh! si friands! »
« Lequel est-ce? »
« Le plus grand One, aux cheveux blonds. »
Matthias, allons-nous lui dire de Jean-Baptiste?
« Bien sûr, nous le ferons! »
« Serait pense pas que nous avons préféré le Baptiste

lui? »

« Non, Siméon. S'Il est le Messie, il ne peut voir dans le cœur des hommes et dans la nôtre il verra que dans le Baptiste nous étions toujours à la recherche pour lui. »

« Oui, vous avez raison. »

Avec les deux groupes maintenant seulement quelques mètres de distance, les bergers peuvent voir Jésus en leur souriant avec son sourire indescriptible et Joseph accélère la pas. Les moutons, poussés par les bergers, commencent également à courir.

« Que la paix soit avec vous », dit Jésus levant les bras dans une grande accolade. « Paix à vous, Siméon, Jean et Matthias, fidèles à moi, et fidèles à Jean le Prophète! ... » Il ajoute spécifiquement à chacun des bergers qui sont maintenant à genoux. «... Paix à toi, Joseph 'et il l'embrasse sur les joues. « Venez, mes amis. Sous ces arbres sur le lit du fleuve exposés et causons. »

Ils descendent au le lit de la rivière exposé où Jésus est assis sur une grosse racine en saillie et les autres sur le terrain. Jésus sourit et les regarde attentivement, un par un: « Permettez-moi de vous familiariser avec vos visages. Vos âmes sont déjà connues de moi, les âmes qui cherchent et aiment ce qui est bon contrairement à tous les désirs mondains. Isaac, Elias et Levi vous envoient leurs salutations et il y a d'autres salutations de ma mère. Avez-vous des nouvelles de Baptiste? »

Les hommes, dans la mesure bâillonnés par la gêne, reprennent courage et trouvent les mots enfin: « Il est toujours en prison. Nos cœurs tremblent pour lui parce qu'il est aux mains d'un homme cruel qui est dominé par

une créature infernale et est entouré par une cour corrompue. Nous l'aimons ... Vous savez que nous l'aimons et qu'il mérite notre amour. Après votre départ de Bethléem, nous étions persécutés par les hommes ... mais nous étions en difficulté et découragés parce que nous vous avions perdu, plutôt que par leur haine, et nous étions comme des arbres déracinés par le vent. Puis, après des années de souffrance, comme un homme dont les cils ont été cousu luttes pour voir le soleil, mais ne peut pas, aussi parce qu'il est fermé dans une prison, mais sent la chaleur du soleil sur son corps, nous nous sommes sentis que le Baptiste était le homme de Dieu prévu par les prophètes pour préparer la voie à son Christ et nous sommes allés à lui. Nous avons dit : « Si le Baptiste le précède, si nous allons à Baptiste, nous le trouverons.» Parce que, mon Seigneur, c'était Vous nous cherchez. »

« Je sais. Et vous m'avez trouvé. Et maintenant, je suis avec vous. »

Joseph nous a dit que Vous êtes venu au Baptiste. Mais nous n'étions pas là ce jour-là. Peut-être qu'il nous avait envoyé quelque part. Nous le servons dans le domaine spirituel, quand il nous a demandé, avec beaucoup d'amour. Et nous avons écouté avec amour, mais il était si grave, parce qu'il n'était pas vous - la Parole -. Mais il a toujours parlé paroles de Dieu » « Je sais. Et savez-vous cet homme? » que Jésus demande, pointant vers Jean.

« Nous l'avons vu avec les autres Galiléens dans les foules qui étaient les plus fidèle au la Baptiste. Et, si nous ne nous trompons pas, vous êtes celui dont le nom est Jean, et dont il l'habitude de dire à nous, ses plus proches disciples : « Voici: je suis le premier, il est le

dernier. Et puis : il sera le premier et moi le
dernier.»Mais nous n'avons jamais compris ce qu'il
voulait dire ».

Jésus se tourne vers Jean à sa gauche et il l'attire contre
son cœur et avec un sourire très aimable Il explique : « Il
voulait dire qu'il était le premier à dire :« Voici l›Agneau
«et que Jean ici sera le dernier des amis du Fils de
l›homme de parler de l›Agneau à la foule; mais que dans
le cœur de l›Agneau, Jean est le premier, parce qu›il est
plus cher que n›importe quel autre homme à l›Agneau.
C›est ce qu›il voulait dire. Mais quand vous voyez le
Baptiste - Vous le verrez à nouveau, et vous le servir à
nouveau jusqu'à ce que l›heure prédéterminée, lui dire
qu'il n'est pas le dernier dans le cœur du Christ. Non pas
tant à cause du sang, qu'à cause de sa sainteté, il est
aimé autant que Jean. Et n'oubliez pas que. Si le saint
dans son humilité se proclame «dernière», la Parole de
Dieu proclame lui égal au disciple qui est cher à moi...
Dites-lui que je l'aime ce disciple parce qu'il porte le
même nom et parce que je ne trouve en lui les signes de
Jean-Baptiste, qui prépare les âmes pour Christ. »
« Nous allons lui dire ... Mais allons-nous le voir de
nouveau? »
« Oui, vous pouvez. »
« Oui, Hérode n'ose pas le tuer par crainte du peuple et à
sa cour, qui est plein de la cupidité et de la corruption, il
serait facile de le libérer si nous avions beaucoup
d'argent. Mais, bien qu'il y ait beaucoup - parce que des
amis ont donné beaucoup - il y a encore beaucoup
manqué. Et nous avons peur, nous ne serons pas dans le
temps ... et il peut être tué. »
« Combien pensez-vous que vous avez besoin pour la

rançon? »

« Pas pour sa rançon, Seigneur. Hérodiade le hait trop et elle a trop de contrôle d'Hérode pour permettre la possibilité d'une rançon. Mais je pense que tous les gens avides du royaume se sont réunis à Machaerus. Tout le monde est impatient de passer un bon moment et se démarquer; des ministres jusqu'au les fonctionnaires. Et pour ce faire, ils ont besoin d'argent ... Nous avons également trouvé qui laisserait le Baptiste pour une grosse somme d'argent. Peut-être aussi Hérode préférerait que ... parce qu'il a peur. Pas pour toute autre raison. Il a peur du peuple et peur de sa femme. De cette façon, il pourrait plaire au peuple et sa femme ne pouvait l'accuser de la décevoir. »

« Et combien ce personne veut? »

« Talents d'argent Vingt. Mais nous n'avons que douze ans et demi. »

« Judas, vous avez dit que ces bijoux sont magnifiques. »

« Oui, belles et précieuse. »

« Combien seront-ils la peine? Je pense que vous êtes un expert. »

« Oui, je suis un bon juge. Pourquoi voulez-vous savoir combien ils valent la peine, Maître? Voulez-vous les vendre? Pourquoi? »

« Peut-être ... Tell Me : combien seront-ils la peine? »

« Au moins six talents, si elles sont bien vendus. »

« Êtes-vous sûr? »

« Oui, Maître. Le collier en lui-même, si grand et lourd, de l'or le plus pur, vaut au moins trois talents. J'ai examiné attentivement. Et aussi les bracelets ... je ne sais pas comment les poignets minces de Aglaé pourraient les tenir. »

« Ils étaient ses menottes, Judas. »

« C'est vrai, Maître ... Mais si beaucoup aimeraient avoir de si belles menottes! »

« Ne pensez-vous pas? Qui? »

« Eh bien ... beaucoup de gens! »

« Oui, beaucoup de ceux qui sont des êtres humains que de nom ... Et savez-vous un acheteur possible? »

« Alors, voulez-vous les vendre? Et est-il pour le Baptiste? Mais regardez, c'est de l'or maudit! »

« Oh! Incohérence humaine! Vous venez de dire avec le désir évident, que beaucoup de gens aimeraient avoir cet or, et ensuite vous dire qu'il est maudit ?! Judas, Judas! ... Il est maudit, en effet. Mais elle a dit : «Il sera sanctifié s'il est utilisé pour gens pauvres et saints», et c'est pourquoi elle lui a donné, que celui qui profite par lui peut prier pour sa pauvre âme que comme l'embryon d'un futur se gonfle papillon dans la semence de son cœur. Qui est plus saint et plus pauvre que le Baptiste? Il est égal à Élie dans sa mission, mais supérieure à Élie en sainteté. Il est plus pauvre que je suis. J'ai une mère et une maison ... Et lorsqu'on a de telles choses, et pures et saintes comme j'ai, on n'est jamais abandonné. Il n'a plus de maison, et il n'a pas même le tombeau de sa mère. Tout a été violé et profanée par l'iniquité humaine. Alors, qui est l'acheteur? »

« Il est l'un de Jéricho et il y a beaucoup à Jérusalem. Mais celui à Jéricho !!! Il est un batteur d'or habile du Levant, un usurier, un intermédiaire, un proxénète, il est certainement un voleur. Probablement un tueur. Il est vraiment persécuté par Rome. Il a changé son nom à Isaac, à passer pour un hébreu ... Mais son vrai nom est Diomède. Je le connais très bien ... »

« Oui, nous voyons que! ... » intervient Simon le Zélote, qui parle peu, mais remarque tout. »... Comment se fait-il

que vous connaissiez si bien? »
« Eh bien ... vous savez ... Pour plaire certains amis
puissants. Je suis allé le voir ... et j'ai fait quelques
affaires ... Vous savez ... nous du Temple ...»
« Je sais ... vous faites toutes sortes d'emplois» conclut
Simon avec une ironie froide. Judas éclate, mais garde le
silence.
«Va -t-il acheter? » demande Jésus.
« Je pense que oui. Il a beaucoup d'argent. Bien sûr, il
faut être habile dans la vente parce que le grec est habile
et s'il se rend compte qu'il a affaire à une personne
honnête, avec une colombe au nid, il lui arrache
impitoyablement. Mais s'il doit faire face à un vautour
comme lui ...»
« Vous devriez y aller, Judas. Vous êtes la bonne
personne. Vous êtes aussi rusé comme un renard et
comme prédateur comme un vautour. Oh! Pardonnez-
moi, Maître. J'ai parlé avant vous!» dit encore Simon le
Zélote.
« Je suis du même avis, et je vais donc dire Judas aller.
Jean, vous irez avec lui. Nous nous réunirons de
nouveau au coucher du soleil et le lieu de la réunion sera
la place du marché. Allez. Et faire de votre mieux. »
Judas se lève aussitôt et Jean se tourne les yeux de son
imploration châtié chiot sur Jésus, qui, s'adressant aux
bergers, ne remarque pas si Jean s'est mis derrière
Judas.
« J'aimerais vous voir heureux », dit Jésus.
« Vous aurez toujours nous rendre heureux, Maître. Que
Dieu te bénisse pour cela. Est-ce que l'homme un de vos
amis? »
« Oui, il est. Pensez-vous qu'il ne devrait pas être? »
Le berger Jean baisse la tête, et garde le silence, mais

Simon parle : « Seulement celui qui est bon, peut voir. Je ne suis pas bon, et donc je ne vois pas ce que voit Bounty. Je vois de l'extérieur. Qui est bon pénètre également à l'intérieur. Vous, Jean, voyez comme moi. Mais le Maître est bon ... et voit ...»

« Que voyez-vous dans Judas, Simon? Je veux que vous me disiez.»

« Eh bien, quand je le regarde, je pense à certains endroits mystérieux qui ressemblent à des repaires de bêtes sauvages et malaria infestés étangs. On ne peut voir un énorme enchevêtrement et, effrayé, on garde claire ... Au lieu de cela ... derrière il y a des tourterelles et des rossignols et le sol est riche en eaux saines et bonnes herbes. Je veux croire que Judas est comme ça ... Je pense qu'il doit être, parce que vous avez choisi. Et vous savez ...»

« Oui, je sais ... Il y a beaucoup de failles dans le cœur de cet homme ... Mais il a quelques bons points. Vous avez vu vous-même à Bethléem et dans Kériot. Et ses bons points qui sont humainement bien doivent être soulevés à une bonté spirituelle. Judas sera alors comme vous aimeriez qu'il soit. Il est jeune ...»

« Aussi Jean est jeune ...»

Et dans votre cœur, vous en conclure qu'il est préférable. Mais Jean est Jean! Amour pauvre Judas, Simon, je vous en prie. Si vous l'aimez ... il semble être mieux.»

« J'essaie de l'aimer pour l'amour de Toi. Mais il rompt tous mes efforts comme s'ils étaient l'eau cannes ... Mais, Maître, il y a une seule loi pour moi: faire ce que vous voulez. Je vais donc, aimer Judas bien que quelque chose en moi crie à moi contre lui »

« Qu'est-ce, Simon? »

« Je ne sais pas exactement ce qu'il est : quelque chose

qui ressemble le cri du veilleur de nuit ... et me dit :» Ne pas dormir! Regarde! «Je ne sais pas. Que quelque chose n'a pas de nom. Mais il est ici ... en moi, contre lui. »
« Oubliez ça, Simon. Ne vous inquiétez pas pour lui donner une définition. Il est préférable de ne pas connaître certaines vérités ... et vous pourriez être trompé. Laissez à votre Maître. Donnez-moi votre amour et vous pouvez être sûr que ça me fait plaisir ... »

Jésus Et Isaac Près De Doco. Départ Vers Esdraelon

« Et je vous dis, Maître, que des gens humbles sont mieux ...» Isaac rapporte à Jésus. «... ceux à qui j'ai parlé, soit se moquaient de moi ou me ignorés. Oh! Les petits à Jutta!» Ils sont assis dans un groupe sur l'herbe au bord du fleuve et de Judas interrompt Isaac, appelant particulièrement le berger par son nom; Isaac, je suis de votre avis. Nous perdons notre temps et nous perdons notre foi en traitant avec eux. Je lui donne jusqu'à. »

« Je ne veux pas, mais il me fait souffrir. Je vais abandonner que si le Maître me dit. Pendant des années j'ai été habitué à la souffrance de la fidélité à la vérité. Je ne pouvais pas dire des mensonges pour entrer dans les bonnes grâces des puissants. Et savez-vous combien de fois ils sont venus pour se moquer de moi dans la pièce où j'étais malade, promettant de l'aide - oh! ils étaient certainement fausses promesses - si je dirais que j'avais menti et que toi, Jésus, n'étaient pas le nouveau-né Sauveur ?! Mais je ne pouvais pas mentir. Si j'avais menti, j'aurais refusé ma joie, j'aurais tué mon seul espoir, je vous l'aurais rejeté, mon Seigneur! Rejeter vous! Dans ma misère noire dans ma maladie morne il y avait

toujours un ciel parsemé d'étoiles au-dessus de moi: le visage de ma mère qui était la seule joie de ma vie d'orphelin, le visage d'une jeune mariée qui n'a jamais été la mienne et que je continue à aimer même après sa mort. Ce sont les deux étoiles mineures. Et les deux grandes stars, comme deux lunes les plus pures : Joseph et Marie souriant à la nouveau-né et à nous pauvres bergers, et vos lumineux, innocent, nature, saint, saint, saint visage, dans le centre du ciel de mon cœur. Je ne pouvais pas refuser ce ciel de la mienne! Je ne voulais pas me priver de sa lumière, car il n'existe pas d'autre si pur. J'aurais plutôt rejeté ma propre vie ou j'aurais vécu dans la torture plutôt que de rejeter Vous, mon souvenir béni, mon Jésus nouveau-né! »

Jésus lui met la main sur l'épaule et sourire d'Isaac.
« Donc, vous insistez? » persiste Judas
« Je fais. Aujourd'hui, demain et le jour suivant à nouveau. Quelqu'un va venir. »
« Combien de temps durera le travail? »
« Je ne sais pas. Mais croyez-moi. Il suffit de ne pas regarder soit devant ou derrière et faire les choses au jour le jour. Et le soir, si nous avons travaillé avec profit, nous disons : « Merci, mon Dieu». Si sans but lucratif, dites simplement : « J'espère que dans votre aide pour demain.» »
« Vous êtes sage. »
« Je ne sais même pas ce que cela signifie. Mais je le fais dans ma mission ce que j'ai fait pendant ma maladie. Trente ans d'infirmité est pas une mince affaire! »
« Eh! Je crois que. Je n'étais pas encore né et vous étiez déjà malade. »
« J›étais malade. Mais je n›ai jamais compté ces années.

Je n'ai jamais dit : « Maintenant, il est le mois de Nisan
de nouveau, mais je ne fleurit de nouveau avec les roses.
Maintenant, il est Tishri et je languir encore ici. « Je suis
allé de parlant de lui à la fois pour moi et pour de bonnes
personnes. J'ai réalisé que les années passaient, parce
que les petits d'autrefois sont venus m'apporter leurs
confections de mariage ou les gâteaux pour la naissance
de leurs petits. Maintenant, si je regarde en arrière,
maintenant que de vieux je suis devenu jeune, que vois-
je de mon passé? Rien. Il est passé. »
« Rien ici. Mais dans le ciel, il est « Tout » pour vous,
Isaac, et que «tout» vous attend », dit Jésus. Et puis
parler à tout le monde : « Vous devez faire. Je le fais
moi-même. Nous devons continuer. Sans se fatiguer. La
fatigue est une des racines de l'orgueil humain. Et il en
est de hâte. Pourquoi l'homme est ennuyé par des
défaites? Pourquoi est-il perturbé par des retards? Parce
que l'orgueil dit : « Pourquoi dire« non à moi? Donc,
beaucoup de retard pour moi? C'est un manque de
respect pour l'apôtre de Dieu. «Non, Mes amis. Regardez
tout l'univers et de penser de celui qui l'a fait. Méditez
sur le progrès de l'homme et de considérer son origine.
Pensez à cette heure qui est en cours d'achèvement et de
compter combien de siècles l'ont précédée. L'univers est
l'œuvre d'une création calme. Le Père n'a pas fait les
choses d'une manière désordonnée; Il a créé l'univers en
phases successives. L'homme est l'œuvre de progrès du
patient, l'homme actuel, et il progressera de plus en plus
en connaissance et en puissance. Et cette connaissance
et le pouvoir seront saints ou ne le seront pas, selon sa
volonté. Mais l'homme n'est pas devenu l'homme à la
fois. Les premiers parents, chassés du jardin, a dû tout
apprendre, lentement, progressivement. Ils ont dû

apprendre les choses les plus simples : qu'un grain de maïs est plus savoureux si moulues en farine, ensuite pétrie et ensuite cuit. Et ils ont dû apprendre à moudre et à cuire. Ils ont dû apprendre à allumer un feu. Comment faire un vêtement en observant la toison des animaux. Comment faire un repaire en regardant bête. Comment construire une palette en regardant nids. Ils ont appris à se guérir avec des herbes et de l'eau en observant les animaux qui le font par instinct. Ils ont appris à voyager à travers les déserts et les mers, en étudiant les étoiles, la rupture chez les chevaux, apprentissage de l'équilibre bateau sur l'eau en regardant la coque d'un écrou flottant sur l'eau d'un ruisseau. Et combien d'échecs avant le succès! Mais l'homme a réussi. Et il ira plus loin. Mais il ne sera pas plus heureux à cause de son progrès, car il deviendra plus habile dans le mal que dans le bien. Mais il fera des progrès. Est rachat non un patient travail? Il a été décidé siècles et des siècles plus tôt. Il se passe maintenant après avoir été préparé pendant des siècles. Tout est la patience. Pourquoi être impatient alors? Dieu ne pourrait-il pas tout faire en un éclair? N'était-il pas possible pour l'homme, doué de raison, créé par les mains de Dieu, de tout savoir en un éclair? Ne pourrais-je pas être venu au début du siècle? Tout était possible. Mais rien ne doit être la violence. Rien. La violence est toujours à l'ordre et Dieu, et ce qui vient de Dieu est pour. N'essayez pas d'être supérieur à Dieu. »

« Mais alors, quand allez-vous être connu? »

« Par qui, de Judas? »

« Par le monde! »

« Jamais »

« Jamais? Mais n'êtes-Vous pas le Sauveur? »

« Je le suis. Mais le monde ne veut pas être sauvé. Seulement un sur mille seront prêts à me connaître et seulement un sur dix mille va vraiment me suivre. Et je dirais même plus; Je ne vais pas être connu même par Mes amis les plus intimes. »

« Mais s'ils sont Vos amis intimes, ils Vous connaîtront. »

« Oui, Judas. Ils Me connaitront comme Jésus, comme Jésus l'Israélite. Mais ils ne me connaissent pas comme Celui Que je suis... »et avec découragement résigné, Jésus ouvre ses mains et en maintenant le, sur tournées vers l'extérieur, il continue, la douleur écrite de son visage, en regardant ni homme, ni le ciel, mais seulement à son futur destin d'une personne trahie »... Je vous dis que je ne vais pas être connu par tous Mes amis intimes. Pour en savoir un moyen d'aimer avec loyauté et la vertu ... et il y en aura qui ne Me connaîtront pas. »

« Ne dites pas cela » implore Jean.

« Nous Vous suivons, pour Vous connaitre de plus en plus » dit Simon, et les bergers en cœur.

« Nous Vous suivons comme nous suivrions une jeune mariée et Vous nous êtes plus cher qu'elle ne pourrait l'être; nous sommes plus jaloux de Vous que d'une femme... » dit Judas ... Oh! non. Nous savons que Vous en avez déjà tellement que nous ne pouvons pas Vous ignorer plus longtemps. » et pointant vers Isaac, Judas continue »Il dit que de nier Votre souvenir d'un nouveau-né aurait été plus pénible que de perdre sa vie. Et vous n'étiez qu'un bébé nouveau-né. Nous vous connaissons comme homme et Maître. Nous Vous écoutons et voyons Vos œuvres. Votre contact, votre souffle, votre baiser : ils sont notre consécration continue et notre purification continue. Seul un satanique pourrait vous refuser après avoir été votre compagnon proche. »

« C'est vrai, Judas. Mais il y aura un. »
« Malheur à lui! Je vais être son bourreau. »
« Non Laissez la justice au Père. Soyez son rédempteur.
Le rédempteur de cette âme qui est inclinée vers Satan.
Mais nous disons au revoir à Isaac. C'est le soir. Je vous
bénis, mon fidèle serviteur. Vous savez maintenant que
Lazare de Béthanie est notre ami et est prêt à aider mes
amis. Je vais. Vous restez ici. Préparer la terre aride de
Judée pour moi. Je reviendrai plus tard. En cas de
besoin, vous savez où me trouver. Ma paix soit avec
vous »et Jésus bénit et embrasse son disciple.

Jésus Avec Le Berger Jonah À La Plaine D'Edraelon.

Il fait nuit, mais il n'y a pas de soulagement de la grande chaleur du jour que le sol encore brûlant donne des éclats de chaleur des sillons et des fissures dans le sol qui s'évaporent la rosée avant même qu'elle n'atteigne le sol. Il s'agit d'une nuit claire, bien que la lune soit à peine visible dans l'Extrême-Orient.

Sur un petit chemin de chaume, semé de plein de grillons et s'étendant sur deux champs desséchés, Jésus marche à côté de Levi et de Jean. Derrière eux, dans un groupe, sont Joses, Judas et Simon. Silencieusement, ils marchent, épuisés et chauds, mais Jésus sourit.

« Pensez-vous qu'il sera là? » demande Jésus à Levi.

« Il va certainement être là. C'est le moment où les cultures sont stockées à l'écart, mais ils n'ont pas encore commencé la cueillette des fruits. Les agriculteurs sont donc en train de regarder leurs vignobles et les vergers contre les voleurs et ils ne disparaissent pas, surtout quand leurs maîtres sont aussi avare en Jonas. Samarie n'est pas loin et lorsque ces renégats la chance ... oh! ils sont heureux de causer des dommages à nous Israélites. Ne savent-ils pas que les serviteurs sont battus pour elle? Bien sûr, ils le font. Mais ils nous haïssent, c'est tout. »

« Ne pas chérir le ressentiment, Levi dit Jésus.

« Non mais vous verrez comment Jonas a été blessé il y a
cinq ans à cause d'eux. Depuis, il vit à regarder la nuit.
Parce que le fléau est une punition cruelle ...»
« Y at-il encore un long chemin à parcourir?»
« Non, Maître. Voir où cela tristesse se termine et il y a
une zone sombre? Les vergers de Doras, le cruel
pharisien, sont là. Si vous me le permettez, je vais aller
sur en face de vous pour laisser Jonas m'entendre.»
« Oui, allez.»
« Est-ce que tous les Pharisiens sont comme ça, mon
Seigneur?» demande Jean. « Oh! Je ne voudrais pas être
à leur service! Je préfère mon bateau.»
« Est-ce votre bateau votre chose la plus chère?»
demande Jésus moitié sérieux.
« Non, vous l'êtes! C'était le bateau quand je ne savais
pas que l'Amour était sur terre» répond rapidement
Jean. Jésus sourit à son impulsivité. « Vous ne saviez pas
que l'amour était sur terre? Et comment êtes-vous né
alors, si votre père n'avait pas aimé votre mère?»
demande Jésus, en plaisantant. « Cet amour est beau,
mais il ne m'attire pas. Vous êtes mon amour, Vous êtes
l'amour sur la terre pour le pauvre Jean.» Jésus
l'embrasse et dit : « Je tenais à vous l'entendre dire.
L'amour est avide de l'amour et de l'homme donne et
donnera toujours de minuscules gouttes de sa soif,
comme ceux qui tombent du ciel et sont si petits qu'ils
disparaissent mi-air dans la grande chaleur de l'été.
Aussi les gouttes de l'amour de l'homme disparaîtront
mi-air, tué par la chaleur de trop de choses. Cœurs
seront toujours les presser sur... mais les intérêts,
l'amour, les affaires, la cupidité, tant de choses humaines
seront les brûler. Et ce passera à Jésus? Oh! trop peu!
Les restes, les quelques pulsations humains survivants,

les battements des hommes intéressés à demander,
demander, et demander un besoin urgent. Moi aimer par
pur amour sera la caractéristique de quelques
personnes... des gens comme Jean ...» Et Jésus s'arrête
devant un mince épi de maïs de plus en plus au bord du
sentier, dans un petit fossé qui était peut-être un petit
ruisseau dans le temps pluvieux.
«...Regardez un épi de maïs cultivé après la fin de la
saison. Il est peut-être un qui est tombé au moment de la
récolte. Mais il a pu germer, résister soleil et temps sec,
de grandir pour former une oreille ... N'hésitez pas : il est
déjà formé. Dans ces domaines dépouillés c'est la chose
la vie seulement. Avant longtemps, les grains mûrs
seront briser l'écorce lisse qui les tient près de la tige et
la chute sur le sol. Et ils vont devenir de la nourriture de
charité pour les petits oiseaux, ou céder à cent pour cent,
ils vont grandir encore et avant l'hiver apporte la charrue
retourne à la terre, ils seront mûrs une fois de plus et
satisfaire la faim de nombreux oiseaux affamés déjà en la
plus morne saison... Voyez, mon Jean, ce qu'une
semence courageuse peut faire?» Et les quelques
personnes qui vont adorer moi de l'amour pur, seront
comme ça. On ne va satisfaire la faim de beaucoup. On
ne fera beau la zone qui était avant laid. On ne donnera
vie où il était mort et tous ceux qui ont faim viendront à
celui-là. Ils vont manger un grain de son amour actif,
puis, égoïste et distrait, ils vont s'envoler. Mais aussi à
leur insu, ce grain placera germes vitaux dans leur sang,
dans leur âme... et ils vont revenir. Et aujourd'hui,
demain et le jour suivant, comme l'a dit Isaac, la
connaissance de l'amour vont augmenter dans leurs
cœurs. La tige dénudée ne sera plus une chose vivante :
une paille desséchée. Mais quel bien de son sacrifice! Et

combien de récompense pour son sacrifice!» Jean écoute avec admiration ardente à Jésus et lorsque Jésus se déplace de Jean le suit. Le groupe derrière, parlant entre eux, ne sont pas conscients de la conversation tendre. Ils arrivent au verger, en sueur, même si elles ne portent pas de manteaux et s'arrêtent dans un groupe silencieux. Levi, visible dans ses vêtements légers, émerge d'un buisson sombre faiblement éclairée par la lune. Derrière lui, un autre, dans une robe plus foncée. « Maître, Jonas est ici.»

« Que ma paix vienne à vous!» Accueille Jésus devant Jonas lui arrive. Jonas tourne et se jette à ses pieds en baisant ceux-ci et en pleurant. Quand il est bon de parler, dit-il: «Depuis combien de temps j'ai attendu pour vous! Combien de temps! C'est déprimant c'était de sentir que ma vie était en train de passer, que la mort était proche, et j'ai dû dire : « Je l'ai pas vu!» Et pourtant, non, pas tous les espoirs n'ont été détruits. Pas même quand j'étais sur le point de mourir. Je dirais : « Elle a dit : « Vous allez le servir à nouveau» et qu'elle ne pouvait pas dire quelque chose qui n'était pas vrai. Elle est la Mère de l'Emmanuel. Personne ne possède donc Dieu plus qu'Elle et qui a Dieu sait ce qui est de Dieu.»

« Se lever. Elle vous envoie ses salutations. Vous avez été près d'elle et Vous n'êtes pas encore près d'elle. Elle vit à Nazareth.»

« Vous! Elle! À Nazareth? Oh! Je souhaite que j'aie connu. La nuit, dans les mois d'hiver, lorsque les champs de repos et les mauvaises personnes ne peuvent pas causer des dommages aux agriculteurs, je serais venu, j'aurais couru pour embrasser vos pieds et je serais revenu avec mon trésor de certitude de la foi. Pourquoi ne Vous êtes-Vous pas montré, Seigneur?

« Parce que ce n'était pas le moment. Le temps est maintenant venu. Nous devons apprendre à attendre. Vous avez dit : « Dans les mois d'hiver, lorsque les champs de repos». Et pourtant, ils ont été semées n'est-ce pas? Eh bien, j'étais comme un grain qui avait été semé. Et vous m'avez vu quand j'étais semé. Puis j'ai disparu. Enterré dans le silence nécessaire. Que je pourrais croître et d'atteindre moment de la récolte et de la brillance dans les yeux du monde et de ceux qui m'avaient vu un nouveau-né. Ce moment est venu. Le nouveau-né est maintenant prêt à être le pain du monde. Et je suis à la recherche d'abord pour Mes fidèles, et je leur dis : « Viens. Je vais satisfaire votre faim«'. Jonas écoute à lui, un sourire heureux et en se répétant : « Oh! Vous êtes vraiment! Vous êtes vraiment! « « Vous étiez sur le point de mourir? Quand? « « Quand j'ai été roué de coups à mort parce qu'ils avaient dépouillé deux vignobles. Regardez le nombre de blessures!»Il baisse sa tunique et montre ses épaules couvertes de cicatrices irrégulières. « Il m'a frappé avec une barre de fer. Il comptait les grappes de raisins qui ont été pris; il pouvait voir où les tiges ont été arrachées, et il m'a donné un coup pour chaque groupe. Et puis il m'a laissé là, à moitié mort. Marie m'a aidé. Elle est la jeune femme d'un de mes amis, et elle a toujours été friande de moi. Son père était l'agent des terres devant moi et quand je suis arrivé ici, je suis devenu très friands de la petite fille parce que son nom était Marie. Elle a pris soin de moi et je récupère après deux mois, pour les plaies s'étaient infectées de la chaleur et m'avaient donné une température élevée. J'ai dit au Dieu d'Israël: «Il n'a pas d'importance. Laissez-moi voir votre nouveau Messie et ce malheur est sans importance pour moi. Acceptez-le comme un sacrifice. Je ne pourrai jamais vous offrir un sacrifice; Je suis le serviteur d'un homme cruel et vous savez. Il ne permet même pas que je vienne à votre autel à la Pâque. Acceptez-moi comme une victime. Mais donnez-moi-lui! « «

« Et le Très-Haut vous a satisfait. Jonas, voulez-vous me servir, que vos amis font déjà?»

« Oh! Comment vais-je faire?»

« Comme ils le font. Levi sait et il vous dira combien il est simple de Me servir. Je ne veux que votre bonne volonté. »

« Je vous ai donné que depuis le temps Vous avez crié dans la crèche. Il m'a aidé à surmonter tout. Les deux découragement et de la haine. Le fait est que ... nous ne pouvons pas parler très bien ici ... Le maître fois m'a frappé parce que j'insistais que vous existez. Mais quand il était absent, et avec ceux que je pouvais faire confiance, oh! J'ai fait dire la merveille de cette nuit!»

« Et maintenant dire l'émerveillement de votre réunion. J'ai trouvé presque tout le monde et tout le monde est fidèle. N'est-ce pas un miracle? Seulement parce que vous envisagiez de moi avec foi et amour, vous êtes devenu juste aux yeux de Dieu et des hommes. »

« Oh! Maintenant, je vais avoir du courage! Et combien de courage! Maintenant que je sais que Vous êtes vivant, je peux dire : «Il est là. Aller à Lui! ...» Mais où, mon Seigneur?»

« Tout sur Israël. Jusqu'à Septembre je serai en Galilée. Je vais souvent à Nazareth ou Capharnaüm, et je peux être tracée à partir de là. Après ... je serai partout. Je suis venu pour rassembler les brebis d'Israël. »

« Oh! Mon Seigneur! Vous trouverez de nombreux boucs. Méfiez-vous des grands en Israël! «

« Ils ne feront pas de mal de moi si ce n'est pas le

moment. Dire à la mort, les traverses, la vie : «Le Messie est parmi nous.» «

« Pour les morts, Seigneur?»

« Pour ceux dont les âmes sont mortes. Les autres, les justes qui sont morts dans le Seigneur, sont déjà réjouissent pour leur libération imminente de Limbo. Dire aux morts: « Je suis la Vie.» Dites aux traverses: « Je suis le soleil qui se lève se réveilla.» Dites à la salle: « Je suis la Vérité qu'ils recherchent.» «

« Et Vous guérissez aussi les gens malades? Levi m'a dit à propos d'Isaac. C'est le miracle que pour lui, parce qu'il est votre berger ou est-ce pour tout le monde? »

« Pour de bonnes personnes, un miracle est une juste récompense. Pour ceux qui ne sont pas si bon, elle les invite vers la vraie bonté. C'est aussi pour les mauvaises personnes, de les secouer et leur faire comprendre ce que je suis et que Dieu est avec moi. Un miracle est un cadeau. Les cadeaux sont de bonnes personnes. Mais celui qui est miséricorde et voit le fardeau humain, qui peut être allégée que par des événements puissants, a recours également à ce moyen, qu'il peut dire : « J'ai fait tout pour vous, mais en vain. Dis-moi donc, ce que je dois faire. ««

« Seigneur, cela ne Vous dérange pas d'entrer dans ma maison? Si Vous me donnez l'assurance qu'aucun voleur viendra dans le domaine, je voudrais Vous donner l'hospitalité, et inviter aussi les quelques personnes qui Vous connaissent, car je leur ai parlé de Vous. Notre maître a plié et cassé comme des tiges inférieures. Nous n'avons rien d'autre que l'espoir d'une récompense éternelle. Mais si Vous Vous montrez à leurs cœurs tristes, ils sentiront une nouvelle force. »

« Je vais venir. N'ayez pas peur pour vos arbres et

vignobles. Pouvez-vous croire que les anges vont les
regarder fidèlement? «

« Oh! Mon Seigneur. J'ai vu Vos serviteurs célestes. Je ne
crois. Et je viendrai avec Vous et je me sentirai en
sécurité. Heureux sont ces arbres et ces vignes qui
sentent la brise et les chansons d'ailes et des voix
angéliques! Heureux le sol qui est sanctifié par tes
pieds! »

« Venez, Seigneur Jésus! Écoutez, les arbres et les vignes.
Écoutez, le sol. Maintenant, je vais dire à lui le nom que
je confiai à Vous pour ma propre paix. Jésus est ici.
Écoutez, et peut exulter la sève à travers les branches et
sarments de vigne. Le Messie est avec nous. »

Retour À Nazareth Après Avoir Laissé Jonah

Il est temps de dire au revoir et Jésus et ses disciples sont debout à la porte d'une pauvre cabane, avec Jonas et d'autres paysans pauvres, éclairée par une lumière si faible, il semble clignoter.

« Ne vais-je pas Vous revoir, mon Seigneur? » demande Jonas. « Vous avez apporté la lumière à nos cœurs. Votre gentillesse est devenue de nos jours dans une fête qui durera toute notre vie. Mais Vous avez vu comment nous sommes traités. Une mule est mieux prise en charge que nous. Et les arbres bénéficient d'une attention plus humaine; elles sont de l'argent. Nous ne sommes que des meules qui gagnent de l'argent et nous sommes habitués jusqu'à ce que nous mourions de travail excessif. Mais Vos paroles sont autant de caresses affectueuses. Notre pain semblait plus abondant et plus goûteux car Vous le partagiez avec nous; ce pain dont il ne donne même pas à ses chiens. Revenez à partager avec nous, mon Seigneur. Seulement parce que c'est vous, j'ose le dire. Ce serait une insulte à offrir n'importe qui d'autre abri et de nourriture qui, même un mendiant dédaigner. Mais Vous ... »

« Mais je trouve en eux un parfum et une saveur céleste parce que chez eux il y a la foi et de l'amour. Je viendrai,

Jonas. Je reviendrai. Vous restez à votre place, à égalité comme un animal aux arbres. Peut-être votre place l'échelle de Jacob. Et en fait, anges vont et viennent du ciel descendu vers vous, la collecte attentivement tous vos mérites et les prendre à Dieu. Mais je viendrai à vous. Pour soulager votre esprit. Soyez fidèle à Moi, vous tous. Oh! Je voudrais vous donner la paix humaine aussi. Mais Je ne peux pas. Je dois vous dire : allez dans la souffrance. Et c'est très triste pour celui qui aime ...» « Seigneur, si Vous nous aimez, nous ne plus souffrir. Avant nous n'avions personne pour nous aimer ... Oh! Si je pouvais, au moins, voir votre mère!»

« Ne vous inquiétez pas. Je vais l'amener à vous. Lorsque le temps est plus doux, je vais venir avec elle. Ne risquez pas encourir des peines cruelles à cause de votre anxiété pour la voir. Vous devez attendre que Son que vous attendez pour l'apparition d'une étoile, l'étoile du soir. Elle vous apparaîtra tout d'un coup, exactement comme l'étoile du soir, qui n'est pas là un moment, et un moment plus tard, il brille dans le ciel. Et vous devez considérer que, même maintenant, elle prodigue ses dons d'amour sur vous. Au revoir, tout le monde. Que ma paix vous protéger contre la dureté de celui qui vous tourmente. Au revoir, Jonas. Ne pleure pas. Vous avez attendu pendant de nombreuses années avec la foi patiente. Je vous souhaite une très courte attente promets maintenant. Ne pleurez pas; Je ne vais pas vous laisser seul. Votre gentillesse essuyé mes larmes quand j'étais un bébé nouveau-né. Les Miens ne suffit pas à effacer le vôtre?
« Oui ... mais vous allez loin ... et je dois rester ici ...»
Jonas, mon ami, ne me fais pas aller loin déprimée parce que je ne peux pas vous consoler ...»

117

« Je ne pleure pas, mon Seigneur ... Mais comment vais-je être capable de vivre sans te voir, maintenant que je sais que vous êtes en vie? « Jésus caresse le vieil homme désespéré encore une fois et puis s'en va. Mais debout sur le bord de l'aire de battage misérable, Jésus s'étend Ses bras et bénit le pays. Puis il s'en va.

« Qu'avez-vous fait, Maître?» Demande Simon qui a remarqué le geste inhabituel. .

« J'ai mis un sceau sur tout. Qu'aucun démon ne peut endommager les choses et ainsi causer des ennuis à ces pauvres gens. Je ne pouvais rien faire de plus ...» « Maître, marchons un peu plus vite. Je voudrais vous dire quelque chose que je ne veux pas que les autres entendent. « Ils s'éloignent du groupe et Simon commence à parler : « Je voulais vous dire que Lazare a reçu des instructions pour utiliser mon argent pour aider tous ceux qui s'appliquent à lui au nom de Jésus. Ne pourrait-on libérer Jonas? Cet homme est usé et sa seule joie est d'être avec vous. Laissez-nous lui donner cela. Quel est son travail vaut la peine ici? Si au contraire, il était libre, il serait votre disciple dans cette belle plaine désolée encore. Les personnes les plus riches en Israël possèdent des terrains fertiles ici et ils les exploitent d'extorsion cruelle, exigeant un bénéfice centuple de leurs travailleurs. J'ai connu cela depuis des années. Vous ne serez pas en mesure d'arrêter ici longtemps, car la secte des Pharisiens règne sur le pays et je ne pense pas que ce ne sera jamais facile pour vous. Ces travailleurs opprimés et désespérés sont les plus malheureux en Israël. Votre entendu vous-même, pas même à la Pâque ont-ils la paix, elles ne peuvent pas prier, tandis que leurs maîtres sévères, avec des gestes solennels et expositions concernées, prendre des positions de premier plan en face de tous les peuples. Au moins, ils auront la joie de savoir que vous existez et d'écouter vos paroles répétées à leur disposition par celui qui ne modifie pas une seule lettre. Si vous acceptez Maître, s'il vous plaît dites-le, et Lazare fera ce qui est nécessaire. »

« Simon, j'ai savait pourquoi vous avez donné tous vos biens loin. Les pensées des hommes sont connues de moi. Et je vous aimais aussi en raison de cela. En rendant Jonas heureux, vous faites de Jésus heureux. Oh! Comment cela me tourmente de voir de bonnes personnes souffrent! Ma position d'un pauvre homme méprisé par le monde m'afflige seulement à cause de cela. Si Judas Me entendu, il dirait : « Mais n'êtes-vous pas la Parole de Dieu? Donnez l'ordre et ces pierres deviendront or et du pain pour les pauvres. «Il aurait répété le piège de Satan. Je suis impatient de satisfaire la faim de personnes. Mais pas de la manière dont Judas le souhaite. Vous n'êtes pas encore arrivé à maturité suffisante pour saisir la profondeur de ce que je veux dire. Mais je vais vous dire : si Dieu vit tout ce qu'il volerait ses amis. Il serait les priver de la chance d'être miséricordieux et de remplir le commandement de l'amour. Mes amis doivent posséder cette marque de Dieu en commun avec lui: la sainte miséricorde constituée par des actes et des mots. Et le malheur des autres donne Mes amis l'occasion de pratiquer. »

« Avez-vous compris ce que je veux dire? »

« Votre pensée est profonde. Je vais réfléchir à vos paroles. Et je m'humilie en je vois combien terne d'esprit je suis et combien Dieu est grand Qui veut que nous soyons doués avec tous ses attributs plupart douces, afin qu'il puisse nous appeler Ses enfants. Dieu se révèle à moi dans ses multiples perfections par chaque rayon de lumière avec laquelle vous éclairer mon cœur. Jour après jour, comme un avancement dans un lieu inconnu, la connaissance de la chose immense qui est la perfection qui veut nous appeler ses « Enfants» progresse en moi et il me semble monter comme un aigle ou de plonger comme un poisson dans deux des profondeurs infinies comme le ciel et la mer, et je grimpe toujours plus haut et plonger plus profondément, mais je ne touche jamais la fin. Mais ce qui est, par conséquent, Dieu? »

« Dieu est la perfection inaccessible, Dieu est la parfaite beauté, Dieu est la puissance infinie, Dieu est l'essence incompréhensible, Dieu est le Bounty indépassable, Dieu est la miséricorde indestructible, Dieu est la Sagesse infinie, Dieu est l'Amour qui est devenu Dieu. Il est l'Amour! Il est l'Amour! Vous dites que plus vous savez que Dieu dans sa perfection, plus vous semblent monter et le plus profond pour plonger dans deux profondeurs infinies de bleu sans ombre ... Mais quand vous comprenez ce qui est l'Amour qui est devenu Dieu, vous ne serez plus monté ou plonger dans le bleu mais dans un tourbillon flamboyant et vous serez attiré vers une béatitude qui sera mort et la vie pour vous. Vous possédez Dieu, avec une possession parfaite, quand, par votre volonté, vous réussissez à comprendre et à lui mériter. Vous serez alors fixé dans sa perfection. »

« O Seigneur ... » exhale Simon, accablé.

Ils marchent en silence jusqu'à ce qu'ils atteignent la route où Jésus s'arrête pour attendre les autres.

Quand ils se regroupent à nouveau, Levi s'agenouille :

« Je devrais partir, Maître. Mais Votre serviteur Vous demande une faveur. Emmenez-moi à Votre mère. Cet homme est un orphelin comme moi. Ne me refusez pas ce que Vous lui donnez, que je puisse voir le visage d'une mère ... »

« Venez. Ce qui est demandé au nom de Ma Mère, je l'accorde au nom de Ma Mère. »

Le soleil flamboyant, bien que sur le point de se coucher, descend vers le dôme vert-gris d'oliviers épais, chargés de petits fruits bien formés, mais ne pénètre que l'enchevêtrement des branches, juste assez pour fournir quelques œillets minuscules de lumière, alors que, d'autre part, la route principale, intégrée entre deux rives, est un ruban ardent, éblouissant et poussiéreux.

Seul et marchant vite parmi les oliviers, Jésus sourit à lui-même ... Il sourit encore plus joyeusement quand il atteint une falaise .... Nazareth .... son panorama scintillement dans la chaleur du soleil de plomb ... et Jésus commence à descendre et accélère son étape. Maintenant, sur le silence, route déserte, il a protégé sa tête de son manteau, et, plus garde le soleil, la marche est si rapide que le manteau souffle à ses côtés et derrière lui afin qu'il semble voler.

De temps en temps, la voix d'un enfant ou d'une femme à l'intérieur d'une maison ou d'un potager atteint Jésus où il se promène dans les endroits ombragés offerts par les arbres du jardin dont les branches s'étendent dans la route. Il se transforme en une demi-ombragée route où il y a des femmes réunis autour d'un bien cool et ils ont tous le saluer, l'accueillir en voix aiguës.

« Paix à vous tous ... Mais s'il vous plaît garder le silence.

Je veux donner à ma mère une surprise. »

Sa belle-sœur vient de se finir avec une cruche d'eau fraîche. Mais elle est de retour. Ils sont laissés sans eau. Le printemps est sec ou l'eau est absorbée par la terre desséchée avant d'atteindre votre jardin. Nous ne savons pas. C'est ce que Marie d'Alphée disait. Là, elle est ... elle est à venir. »

N'ayant pas vu Jésus encore, la mère de Judas et James, avec une amphore sur la tête et une autre dans la main, est criant; « Je serai plus rapide de cette façon. Marie est très triste, parce que ses fleurs sont en train de mourir de soif. Ils sont ceux plantés par Joseph et Jésus et il lui brise le cœur de voir les flétrir. »

Mais maintenant qu'elle me voit ... » dit Jésus apparaissant derrière le groupe de femmes.

« Oh! Mon Jésus! Heureux Vous êtes! Je vais dire ... »

« Non J'irai. Donnez-moi les amphores. »

« La porte est à moitié fermée. Marie est dans le jardin. Oh! Quel bonheur Elle sera! Elle parlait de vous aussi ce matin. Mais pourquoi venir dans cette chaleur! Vous êtes tous la transpiration! Vous êtes seul? »

« Non Avec des amis. Mais je suis venu devant eux pour voir ma mère en premier. Et de Judas? »

« Il est à Capharnaüm. Il va souvent là. », Dit Mary. Et elle sourit comme elle sèche le visage mouillé de Jésus avec son voile.

Les lanceurs maintenant prêts, Jésus prend deux, attacher un à chaque extrémité de sa ceinture qu'il jette sur son épaule, puis prend un troisième dans sa main. Puis il s'éloigne, tourne autour d'un coin, arrive à la maison, pousse la porte, entre dans la petite pièce qui semble sombre en comparaison avec l'éclat du soleil à l'extérieur. Lentement, il lève le rideau à la porte du jardin et il regarde.

Marie est debout près d'un rosier avec Son retour à la maison, pitié la plante desséchée. Jésus pose la cruche sur le sol et le cuivre tinte contre une pierre. ʿÊtes-vous déjà ici, Marie? », Dit sa mère sans se retourner. « Venez, venez, regardez cette rose! Et ces lys pauvres. Ils seront tous mourir si nous ne les aidons. Apportez aussi quelques petites cannes de tenir cette tige tomber. »

« Je ferai tout ce que Vous, Mère. »

Marie vient ronde et pendant un moment, elle reste avec ses yeux grands ouverts, puis un cri Elle court avec les bras tendus vers son fils, qui a déjà ouvert ses bras et attend son avec le sourire le plus affectueux.

« Oh! Mon Fils! »

« Mère! Cher! »

Leur étreinte est une longue et s'aimer et Marie est tellement heureuse qu'elle ne se sent pas comment Jésus est chaud. Mais alors, elle le remarque : « Pourquoi, Fils, êtes-vous venu à ce moment de la journée? Vous êtes rouge pourpre et en sueur comme une éponge trempée. Venez à l'intérieur. Que je puisse sécher et rafraîchir Vous. Je mettrai Vous tunique frais et sandales propres. Mon Fils! Mon Fils! Pourquoi aller dans cette chaleur! Les plantes meurent à cause de la chaleur et vous, mes fleurs, vont sur. »

« Il devait venir à vous dès que possible, Mère. »

« Oh! Mon Cher ! Avez-vous soif? Vous devez être. Je vais maintenant préparer ... »

« Oui, je suis assoiffé de Tes baisers, Mère. Et pour vos caresses. Permettez-moi de rester comme ça, avec ma tête sur votre épaule, comme quand j'étais un petit garçon ... Oh! Mère! Comme Vous me manquez!»

« Dites-Moi de venir, le Fils, et je le ferai. Qu'est-ce que

vous manque en raison de mon absence? La nourriture Vous aimez? Des vêtements propres? Un lit bien fait? Oh! Ma Joie, dites-Moi ce que vous avez manqué. Votre serviteur, mon Seigneur, s'efforcera de fournir.»
« Rien, mais vous ...»
Main dans la main, Mère et Fils vont dans la maison. Jésus est assis sur la poitrine, près du mur, embrasse Marie qui est en face de Lui, posant sa tête sur son cœur et ses baisers ici et là. Maintenant, Il la dévisage : « Laissez-Moi Vous regarder à la teneur de mon cœur, sainte Mère de la mine».
« Votre première tunique. Il n'est pas bon pour vous de rester si humide. Venez.» Jésus obéit. Quand il revient vêtu d'une tunique d'apparence fraîche, ils reprennent leur conversation douce.
« Je suis venu avec mes disciples et amis, mais je les ai laissé dans le bois de Milca. Ils viendront demain à l'aube. Je ... je ne pouvais pas attendre plus longtemps. Ma Mère! ... Et il embrasse ses mains. « Marie d'Alphée a disparu de nous laisser tranquilles. Elle a aussi compris comment j'étais anxieux d'être avec vous. Demain ... demain Vous assisterez à mes amis et je les Nazaréens. Mais ce soir, vous êtes mon amie et je suis à Vous. Je Vous ai apporté ... Oh! Mère : J'ai trouvé les bergers de Bethléem. Et je vous ai apporté deux d'entre eux: ils sont orphelins et vous êtes la mère de tous les hommes. Et d'autant plus d'orphelins. Et je vous ai apporté aussi celui qui a besoin de vous pour se contrôler. Et un autre qui est un homme juste et a tant souffert. Et puis Jean ... Et je vous ai apporté des souvenirs d'Elias, Isaac, Tobias, maintenant appelé Matthieu, Jean et Siméon. Jonas est le plus malheureux de tous. Je vais vous prendre à lui ... Je lui ai promis. Je vais continuer à

chercher les autres. Samuel et Joseph se reposent dans la paix de Dieu. »

« Étiez-vous à Bethléem? »

« Oui, maman. J'ai pris là, les disciples qui étaient avec moi. Et je vous ai apporté ces petites fleurs, qui poussaient près des pierres du seuil. »

« Oh! « Marie prend le desséchée tiges et les embrasse. »Et que dire d'Anne?»

« Elle est morte dans le massacre d'Hérode. »

« Oh! Pauvre femme! Elle aimait tellement de vous! «

« Les Bethléhemites ont beaucoup souffert. Mais ils n'ont pas été équitables pour les bergers. Mais ils ont beaucoup souffert ... »

« Mais ils étaient bons pour vous, alors! »

« Oui. Et c'est pourquoi ils sont à plaindre. Satan est jaloux de leur gentillesse passée et leur demande instamment de mauvaises choses. J'étais aussi à Hébron. Les bergers, persécutés ... »

« Oh! À ce point ?! »

« Oui, ils ont été aidés par Zacarias, qui leur ont obtenu un emploi et de la nourriture, même si leurs maîtres étaient des gens durs. Mais ils ne sont que des âmes et ils ont changé leurs persécutions et leurs blessures en de la vraie sainteté. Je les rassemblai. J'ai guéri Isaac ... et j'ai donné mon nom à un petit garçon ... Au Jutta, où Isaac languissait et où il est revenu à la vie, il y a maintenant un groupe innocent, nommée Marie, Joseph et Jesai ... »

« Oh! Votre nom! »

« Et le Vôtre et le nom de celui qui est Juste. Et à Kériot, la patrie d'un disciple, un Israélite fidèle est mort, reposant sur Mon cœur. De joie, après M'avoir trouvé ... Et puis ... Ah! Combien de choses ai-je à vous dire, Mon

Amie parfaite, douce Mère! Mais tout d'abord, je vous en prie, je vous demande d'avoir autant pitié de ceux qui viendront demain. Écoutez : ils m'aiment ... mais ils ne sont pas parfaits. Vous, Maîtresse de la vertu ... oh! Mère, aide-moi à les rendre bons ... Je voudrais les sauver tous ...» Jésus a glissé aux pieds de Marie. Elle apparaît maintenant dans Sa majesté maternelle.

« Mon fils! Qu'est-ce que Vous voulez que Votre pauvre Mère fasse mieux que Vous le faites? »

« Les sanctifier ... Votre vertu sanctifie. Je les ai emmenés ici délibérément, Mère ... un jour je Vous dirai : «Venez», car il sera alors urgent de sanctifier les âmes, afin que je puisse les trouver prêts à être utilisés. Et je ne pourrai pas par moi-même ... Votre silence sera éloquent comme mes paroles. Votre pureté aidera Ma puissance. Votre présence tiens Satan loin ... et Votre Fils, Mère, se sentira plus fort en sachant que vous êtes près de lui. Vous viendrez, n'est-ce pas, Ma douce Mère? »

« Jésus! Cher fils! J'ai le sentiment que Vous n'êtes pas heureux ... Quelle est le problème, Créature de Mon cœur? Le monde a-t-il été hostile à vous? Non? C'est un soulagement de le croire ... mais ... Oh! Oui. Je vais venir. N'importe où vous voulez, comme et quand vous le voulez. Même maintenant, sous ce soleil de plomb, ou par nuit, par temps froid ou humide. Vous voulez de moi? Je suis ici. »

« Non Pas maintenant. Mais un jour ... Comme il fait bon être dans notre maison. Et vos caresses! Laissez-moi dormir ainsi, avec ma tête sur vos genoux. Je suis tellement fatigué! Je suis toujours Votre petit fils ... »Et Jésus tombe vraiment endormi, fatigué et épuisé, assis sur la natte, sa tête sur les genoux de sa mère, qui caresse joyeusement Ses cheveux.

www.ingramcontent.com/pod-product-compliance
Lightning Source LLC
Chambersburg PA
CBHW060020050426
42448CB00012B/2825